知己知彼 × 見面三分情 × 開場打動人心！
溝通並非一場獨角戲，而是雙方共同創造的默契

浩強 ── 著

話引力

讓每一句話都有效，贏得人際關係中的主導權
Attractive Speaking

善用話術，贏得每一次人際交鋒
言語是影響力的武器，用對心理學策略，每一句話都有力量
溝通是成功的關鍵，用心傾聽才能成為真正的高情商溝通者

情商不是天生的，讓你的溝通力成為一種習慣！

目錄

序言
提高溝通力，讓每一次溝通都有效果

第一章
知己知彼，做出色的溝通者

　　談點對方的得意之事，溝通會事半功倍……………… 016

　　探探他的底有多深………………………………………… 020

　　讓對方做主角，「深藏功與名」………………………… 023

　　傾聽讓你擁有好人緣……………………………………… 027

　　也許你的「實話」很真誠，但可能很刺耳……………… 031

　　要想釣到魚，就像魚那樣思考…………………………… 034

　　避諱「以我為中心」……………………………………… 038

第二章
見面三分情，養成讓自己處處受歡迎的溝通習慣

　　魅力開場，贏得不凡的第一印象………………………… 044

　　開場的寒暄很重要………………………………………… 048

　　巧用稱呼先聲奪人，一開口就抓住對方………………… 051

003

目錄

想要抓住人心,不妨試試故弄玄虛……………………055

察言觀色透視人心,共同點瞬間拉近距離…………059

有效的安慰與假共情…………………………………062

實在找不到話題,直截了當也是好選擇………………066

第三章
應酬如何開場才能打動人心

用讚美贏得微笑和友善………………………………072

讀懂人心,順水推舟……………………………………075

清除溝通絆腳石的開場技巧…………………………080

人情世故的客氣多多益善……………………………085

巧捧對方,才是高情商…………………………………089

討好要恰到好處………………………………………093

場面上少不了聰明的謊言……………………………096

第四章
溝通,從「心」開始

求人幫忙,「恭」其所需會事半功倍…………………102

讓溝通成為愛的語言…………………………………105

讓對方感覺到他是個重要人物………………………109

學會幫人戴「高帽」……………………………………113

讚美對方不易為人知的優點……………………… 117

讚美對方最微小的進步…………………………… 120

讚美如煲湯，火候是關鍵…………………………… 124

善用高明的讚美，避免蠢人的獻媚………………… 128

第五章
人人都愛幽默的人，能讓人笑你就贏了

記住，善談者必幽默………………………………… 134

糖衣包砲彈，幽默藏機鋒…………………………… 137

瞅準時機，幽他一默………………………………… 140

巧用幽默，讓對方碰一碰釘子……………………… 142

尷尬時，用幽默贏取好感…………………………… 145

幽默式批評，能盡贏人心…………………………… 149

用幽默來與對方巧妙周旋…………………………… 152

第六章
溝通力就是成功力

面對難搞的人，善用「馬屁」政策………………… 158

求人幫忙先給甜頭…………………………………… 161

求神要看佛，溝通要看人…………………………… 165

若對方與你爭辯，你就讓對方贏…………………… 167

目錄

姿態要低，方法要巧 …………………………………… 171
用不一樣的表達方式贏得不同的人 …………………… 174
「翻臉」也是種藝術 …………………………………… 178

第七章
如何把說服轉變成行動和結果？

如果嗓門大就有理，驢早就統治世界了 ……………… 184
與其怒火中燒，不如綿裡藏針 ………………………… 187
說服之道，玩的就是戰術 ……………………………… 190
巧「灌迷魂湯」，讓對方心服口服 …………………… 193
不要顯得你比別人更聰明 ……………………………… 196
見機行事，一步步靠近目標 …………………………… 199
順勢而為，給足別人虛榮心 …………………………… 202
說服勸諫，態度決定一切 ……………………………… 205

第八章
溝通的分寸，就是做人的分寸

看清看破不戳破 ………………………………………… 210
海口不要隨便誇 ………………………………………… 213
想要滴水不漏，先三思 ………………………………… 216
溝通避免絕對化，小心給人抓住小辮子 ……………… 218

溝通時，多聽少說常點頭⋯⋯⋯⋯⋯⋯⋯⋯⋯⋯⋯ 222

友善交談，謹防無意識傷人⋯⋯⋯⋯⋯⋯⋯⋯⋯ 225

如果「交淺」，何必「言深」⋯⋯⋯⋯⋯⋯⋯⋯⋯ 227

第九章
溝通有禁忌，別哪壺不開提哪壺

打人不打臉，罵人不揭短⋯⋯⋯⋯⋯⋯⋯⋯⋯⋯ 234

堅決不要碰觸對方的「死穴」⋯⋯⋯⋯⋯⋯⋯⋯ 237

失意人前不提得意事⋯⋯⋯⋯⋯⋯⋯⋯⋯⋯⋯⋯ 240

閒聊時不傷人面子⋯⋯⋯⋯⋯⋯⋯⋯⋯⋯⋯⋯⋯ 243

心直口快也是罪⋯⋯⋯⋯⋯⋯⋯⋯⋯⋯⋯⋯⋯⋯ 246

不要口無遮攔，「痛」言無忌⋯⋯⋯⋯⋯⋯⋯⋯ 250

目錄

序言
提高溝通力，讓每一次溝通都有效果

　　1995 年，美國哈佛大學心理學教授，世界著名心理學家，同時也是《紐約時報》(*The New York Times*) 專欄作家的丹尼爾・高曼 (Daniel Goleman) 出版了一本名為《情商》(*EQ*) 的書籍，在後來享譽世界的這本書中，高曼提出了「情商」這一概念，並用很多論據論證了一個法則：在促使一個人成為成功者的因素中，智商因素的影響只占了 20%，其他發揮作用的都是情商，所謂情商，其實就是會溝通，讓自己處處受歡迎。

　　二十多年後的今天，學會溝通對於人生的重要性已經得到了全世界的認可。會溝通是個人成就的關鍵，是塑造成功者最關鍵的特質，成功與否和與人溝通的成敗有很大的關係。那麼，善於溝通的成功者是怎樣的呢？

　　會溝通的表現很多，這包括：控制自我的能力、應對逆境的能力、調整情緒的能力，但其中最直觀，同時也是最重要的一項能力便是表達與傾聽的能力。人是社會性的動物，身處社會之中，每個人隨時都要面對人際交往。同人打交道時的表現如何，是判斷一個人社會角色和社會成就最基本的標準。在與人打交道的時候，如何說話尤其重要，而所謂情商高的人，就

序言　提高溝通力，讓每一次溝通都有效果

是擁有這種高效溝通能力的人。

除了一些特殊人士，這個社會上絕大多數的人都會說話，但同一句話，在不同的人嘴裡說出來卻有不同的效果。

有些人的表達讓人如沐春風，但有些人話一出口就令人生厭；有些人說出來的話讓人信服，有些人說出來的話則毫無分量；有些人一句話能讓人笑顏逐開，有些人一句話卻讓人怒目而向；有些人一句話能把事情辦成，有些人一句話卻能把事情搞砸……會不會溝通，在生活中的差別就是這麼大。這樣一次次的差別累積起來，終於讓原本處於一個水準的人，分道揚鑣成為了人生的成功者和失敗者。

每個人都想成為成功者，而不想因為不會溝通而讓人生走向失敗，那麼說話的能力是從哪裡來呢？

會溝通無關乎性格，內向的人也有會溝通的；會溝通也無關乎出身，富二代也未必比普通人更會溝通；會溝通更無關乎學歷，有些學歷高的人說出來的話反而不中聽。

會說話是一種可以透過訓練而獲得的能力，它只關乎你對溝通的技巧掌握了多少，對溝通的學問了解了多少。而本書的目的，就是讓你在掌握溝通技巧、了解溝通學問的基礎上，透過實踐練習變成一個會溝通的人。

讀者可以試想一下這些場景：

你想安慰別人，但說出來的話卻無意中觸碰了對方的禁區，

反而招致對方的怨恨！

你想和人親近，但說出來的話因果混亂，讓對方聽了不知所云，轉身離去！

你想在應酬時引人注意，但連一句客套話也說出不口，最終被別人當作空氣！你想和朋友交換一個觀點，但說出來的話毫無力量，朋友一點也不重視！

你想求人幫忙，但不懂得把話說得委婉，最後受到拒絕！

你想說服你的客戶，但連句投其所好的話都不會說，最後被客戶趕走！

你想跟上司彙報你的難處，但不懂得委婉地表達，最後上司以為你是在推脫！

⋯⋯

在你的一生中，從上學到交友，從求職到升遷，從應酬到交友，從攻心到說服，無處不在的問題需要用溝通來解決。會溝通的你，應付這些問題遊刃有餘；不會溝通的你，會總是被這些問題搞得焦頭爛額，還不知道問題出在了哪裡。

會不會溝通影響著你的一生，決定著你的生活品質、人際關係、事業高度，更決定了你的人生層次。

溝通能力的重要意義在於，它本身不會為你創造什麼額外的價值，也不會為你帶來什麼額外的負擔，但一旦擁有了它，你卻可以成為那個能夠到處受人歡迎的人，讓你能夠獲得他人

序言 提高溝通力，讓每一次溝通都有效果

的信賴，讓你擁有社交場合最難能可貴的感染力和親和力，讓人們願意走在你的身邊與你交往。

成功者的溝通能力的強大在於，它既能夠讓語言成為打動人心的力量，也可以讓語言成為獲取他人信任的技巧。在這裡，讀者可以用下面的提問進行一下自我測試：

你一直有一個很好的想法想向公司建議，但苦於職位低微，你沒有向最高層主管提出建言的資格。這天，你在等電梯，剛好總經理這時走了過來。電梯來了，你和總經理一起走進電梯，裡面只有你們兩個人，而電梯升上到公司的樓層需要兩分鐘的時間。在這兩分鐘的時間裡，你如何把你的想法傳達給總經理，並且讓他願意傾聽你的建議？

對於這個問題，不同人可以有不同的答案，但毫無疑問的是，如果沒有強大的說話能力做保障，什麼樣的答案都是無濟於事的，因為總經理完全可以不聽你的。

練習溝通的能力，培養溝通的技巧，這是每個人都需要學習的第一課。正是這一堂課，讓很多人明白了合適的語言、合適的闡述、合適的神態動作和表情對於人生是多麼重要。對於掌握了人生最強大的生存技巧的他們，無論是多麼固執、多麼孤僻的人，都會成為他們的朋友，獲得他們的真心情誼，這就是因為他們強大的溝通能力。

擁有了這樣的溝通能力，你不用為在社交場合該怎樣去做而苦苦思索，因為得體已經成了你的一種氣質，會在不經意間流

露出來。而不經意間流露出來的得體語言、表達方式，便構成了一個高情商的你。

　　所謂情商高，就是會溝通。在複雜的社會上，擁有一張能夠把話說好的嘴，比什麼都重要。

序言　提高溝通力，讓每一次溝通都有效果

第一章
知己知彼,做出色的溝通者

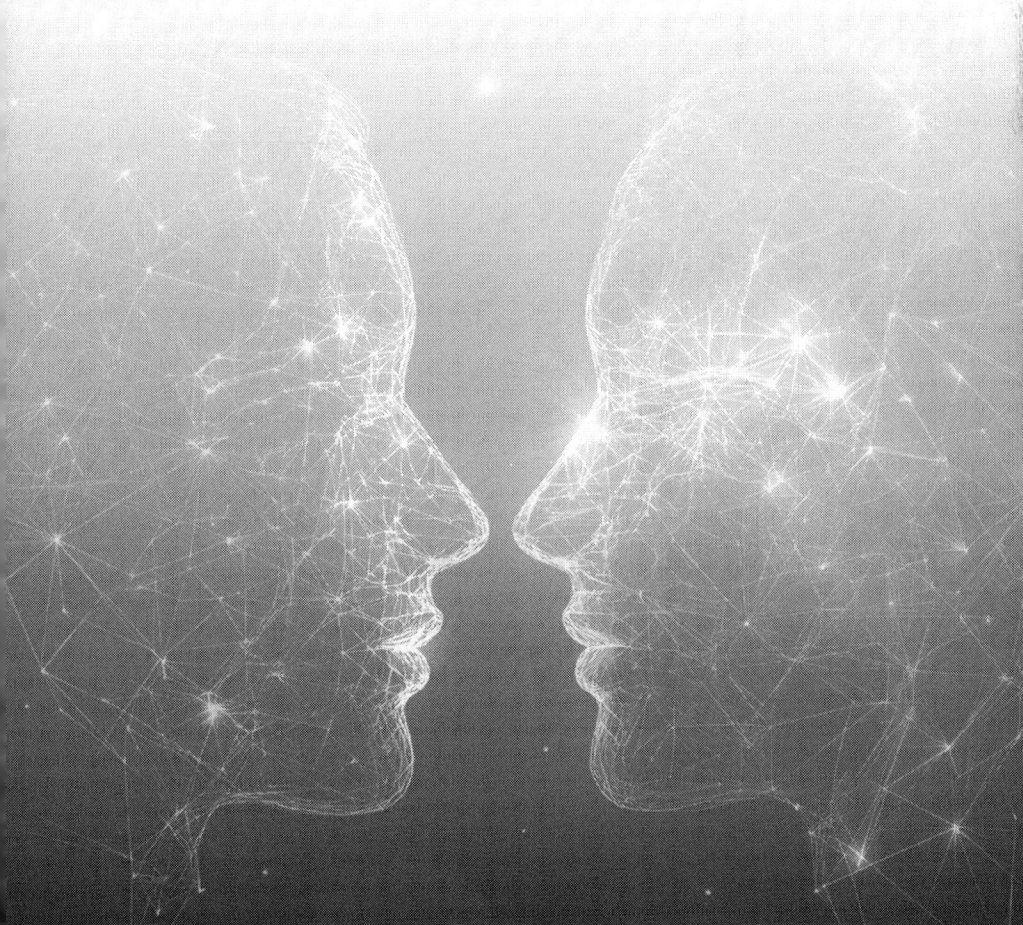

第一章　知己知彼，做出色的溝通者

談點對方的得意之事，溝通會事半功倍

有個演員在短劇表演中說過這樣一段有趣的話：「我就想跟帕華洛帝（Luciano Pavarotti）比劈腿，跟美國人比說中文。」這句玩笑話說的是什麼意思呢？就是說跟人家比要專門挑別人的短處比，如此才能夠顯示出自己的強大。

那麼同樣地，讀者可以思考一下，什麼話是大家都愛聽的呢？那就是能夠展現出對方的長處，能夠讓對方覺得臉上有光的話。所謂人前不說短，人人都喜歡聽自己的長處，那麼說話專挑對方的長處說，毫無疑問是能夠贏得對方的歡心的。

西元208年，赤壁之戰爆發，曹操大軍南下，江東危若累卵。當時的吳主孫權面臨大敵曹操，沒有必勝的把握，在東吳的朝堂之上是一片投降論調，只有都督周瑜堅決要求抵抗。孫權聽了周瑜的意見，「因拔刀斫前奏案曰：諸將吏復有言當迎操者，與此案同」，堅定了聯合劉備抵抗曹操的決心和信心。

當天夜裡，為了能夠讓周瑜在前線死戰，孫權特意與周瑜展開了長談。孫權對周瑜說道：「你說應當和曹操作戰，正好和我的想法一樣，這是天叫你幫助我。」

之後，在周瑜分析敵我雙方的力量與長短時，孫權又大喜，讚美周瑜說：「公瑾，你說到這裡，很合我的心意。只有你和子敬與我一致，這是蒼天讓你們二人輔助我啊！」

談點對方的得意之事，溝通會事半功倍

周瑜少年從軍，武功、策略正是他最得意的才能，而早年和魯肅一起擁立孫權為東吳之主，又是周瑜最得意的功績，孫權在這兩件事上不吝讚美，迎合了周瑜的心理，讓周瑜全心全意對抗曹操，效忠自己。

人都有被人尊重和讚美的心理，但這種尊重和讚美如果來得太直接，就難免有「拍馬屁」之嫌，但如果從側面讚美，說話的時候盡量挑一個人的長處說，那結果就不同了。

挑對方的長處，就像是把對方的亮點拿到了黑夜當中，即便對方只有螢火微光，也會被無限放大成耀眼的光芒。而關鍵是，這種亮點是真實存在的，這就更能夠讓對方「心花怒放」了。

美國心理學之父威廉‧詹姆士（William James）曾經說過：「人類本性裡最殷切的需求是渴望被肯定。」在與人交往中學會從對方得意的事說起是一門藝術，同時也是一個人智慧的表現。

做到這一點，在現實生活中我們就要注意隨時發現他人的優點，在與人交往之前就先弄清楚對方的背景，對方得意的事情。在說話時，與其洋洋灑灑道地道出自己的觀點而不被對方接受，不如先找到切入點讓對方喜歡與自己交談。其實有智慧地「繞路」比直接地「開門見山」更容易讓人接受。

我們常說共同語言是志同道合的基礎，而善於觀察別人的優點，從對方得意的事情說起是擁有共同語言的開端，接下來進一步的交談、深入的了解將促進彼此的情感，由之而產生的信任帶來的是兩全其美的雙贏。

第一章　知己知彼，做出色的溝通者

　　小磊是一個熱愛公益的人，他多次為公益活動募款。有一次他為鄉下的小學修建宿舍進行募款，跑上跑下發動捐款，最後還差幾二十萬。他不得已之下，決定向當地一間塑膠工廠廠長求援。

　　小磊之所以打算找該廠長，是因為這位廠長重視教育，多次捐助貧困兒童。遺憾的是聽說近幾年工廠的經營一直不理想，小磊心中忐忑，但是想到能為鄉下的孩子們帶來福利，只好硬著頭皮來到工廠。

　　一進門，小磊就說：「廠長，久聞大名。最近我跑了好多小學，那裡的教育界同人對您稱讚有加，實在欽佩！今日有事想找您幫忙想辦法，特來拜訪。」

　　廠長一聽，十分高興，謙虛地說：「過獎了！過獎了！我也只是做了力所能及的事而已。」

　　小磊又接著說：「廠長，您真是有遠見卓識，您多次捐助貧困兒童的事蹟在地方的新聞與網站上被爭相報導，我看了深受感動。您不但能實實在在地支持教育事業，更重要的是，如今已向外擴展，您的事蹟已經成為我們這些志工學習的榜樣，可謂是我們年輕一代效仿的楷模！」

　　小磊緊緊圍繞著廠長頗感得意之處，從觀念影響到實際作用等方面予以充分肯定，談得廠長滿心歡喜，神采飛揚。覺得說得差不多了，小磊話鋒一轉，不無自卑地訴說自己的「無能」和悔恨：「我前一段跑了好幾個月，為鄉下的小學籌款，卻屢屢碰壁，想到學校宿舍因為錢的原因無法蓋成，孩子們還得繼續

跑山路，來回要好幾個小時上學，卻毫無有好方法排憂解難，心裡就發愁，今日特來請廠長幫忙想想辦法。」

聽到這裡，廠長立即起身拍拍胸脯，慷慨地說：「小磊，既然如此，你就不必再求三拜四了，你還差多少，只要在我的能力範圍內我捐給你們。」小磊緊緊握住廠長的手，表示由衷的感謝。

小磊非常聰明，他先對廠長進行了解，然後用真誠的讚美獲得了募捐的成功。

不過，要想做到像小磊這樣，還有一點需要注意，那就是說話的時候要真誠。適當地講對方的得意之事是一種智慧，但過度的誇獎就變成了虛偽。

譬如一個人得過一個地方文學獎，你提一提這件事他當然高興，但你非要把這件事和諾貝爾獎相比並論，那麼他就一定會覺得你在諷刺他，結果自然不會好了。

真誠的讚美與欣賞可以增加對方的信心，成全他人希望被肯定的需求；故意強調的表揚會使對方有所牴觸，被別人誤解為圈套。所以，在人與人交往的過程中，從對方得意的事情說起，首先要端正自己的態度，讓彼此的關係有良好的開頭，為以後良性發展打下很好的基礎。

第一章　知己知彼，做出色的溝通者

探探他的底有多深

每個人的成長，都是從一個初出茅廬的冒失鬼開始，在進入競爭激烈的社會接觸到各類各樣的人之後，開始慢慢變得越來越有城府。

在剛進入社會的時候，我們都希望遇到的人表裡如一，對我們以誠相待，然而事實往往與我們希望的不同。當知人知面不知心的感嘆充斥我們的生活，人心隔肚皮的警醒使我們後悔不已時，我們渴望擁有一雙看懂人心的眼睛。

人性都有這樣的一面，那就是在外人面前喜歡隱藏真實的自己，尤其是在一段複雜的關係當中，聰明人總是喜歡以虛假的一面示人，以此來消災避禍、保護自身。面對這種情況，人如果稍微不注意，就很容受到矇騙。

劉備一直給人忠厚老實的印象，而曹操是一個狡猾的亂世梟雄，但在「青梅煮酒」的時候，卻還是上了劉備的當。狡猾的曹操被劉備唯唯諾諾、懦弱至極的表象所矇騙，誤判了劉備是個胸無大志的人，結果放虎歸山，親手放走了這個一生之敵。

試想一下，如果當時的曹操能夠更警覺一些，看到劉備唯諾的表象之下，真正的內心是什麼模樣，那麼三國爭霸的歷史可能就會改寫。

像曹操這樣的梟雄，尚且會被人矇蔽，就更不用說我們普通

人了。如果不掌握一些特殊的技巧,看透人心是何其的不容易。

看懂人心,最重要的一點便是探問交往的對象虛實,要學會用話語來探問對方。即便與往來對象互相並不存在惡意,但言語的探問總是沒有錯的。

小馬是一名銷售業務,服務於一家電子產品公司。一次,該公司的工廠由於設備原因,生產不出訂單中一款編號 S524 的設備,而訂單是來自於一家在全國都有連鎖店的知名電器行。小馬奉命說服電器行同意以編號 E721 的設備來替代 S524。

小馬前去拜訪電器行總公司的周經理,因為不知道周經理會不會接受他的提議,所以,他決定對於工廠不能如期交貨之事閉口不談。

寒暄之後,小馬試探性地說:「我們公司有一款 E721 的設備,周經理可以看看。它和 S524 設備效能價格差不多,外觀略微不同。S524 在貴公司的銷量很好,不過這種東西其實和手機一樣,消費者除了要求規格之外,也會喜歡外觀新鮮、新奇的感覺。周經理上半年都是和我們訂購的 S524,這次我是來向您推薦 E721 這款的。貴公司以後若訂購這一款,可以給予消費者新鮮感,您覺得呢?」

周經理聽完,反應冷淡,表示:「雖然你說的有點道理,但是,我們公司之前向你們訂的 S524 那款銷量一直都很好,我不太傾向於嘗試新的商品。」

小馬觀察了周經理的反應,退一步說道:「不如這樣,原本

第一章　知己知彼，做出色的溝通者

貴公司是訂 1,000 個 S524 的設備，不如改成各 500 個，就當作是測試市場的接受度，好嗎？若您覺得可行，我明天就拿新的合約到您辦公室？」若只交 500 個貨品，工廠還是能如期交貨的。最後，周經理接受了小馬的建議，一場風波化於無形。

　　言語的試探，在很多人看來是對他人的不尊敬，其實那是因為一些蠢人不懂得溝通技巧，如果像小馬這樣，技巧熟練、分析準確，言語的試探就能夠讓你取得意想不到的成功。

　　現實生活中我們太多人不願意動腦子，喜歡漫無目的地講話，想什麼說什麼，好不容易有人開始動腦子揣摩別人喜歡聽什麼，但又因為不會說話，缺乏溝通技巧，總是憑第一印象和主觀猜測去判斷、對待他人，致使說話沒有效果，甚至是有負面影響。

　　但你要知道，連你自己都懂得說話留幾句，別人難道就不會隱藏自己的意圖嗎？事實上，人們都已經習慣為自己戴一個面具來隔絕外界紛擾了，有時候你所看到的表象與真實往往相差甚遠，想要與他人深入地交流，讓你的言語更有價值，你就要探探他到底需要聽什麼，能夠聽得進什麼。

　　探探對方的底有多深，這可以幫助你認清他人、學習他人。在這個價值多元的社會，當經一事長一智不足以讓我們有能力去處理所有事情，探探他人的底有多深，也許是我們與他人能進一步洽談的前提。一方面可以幫助你避免被對方的表象所矇蔽，另一方面，也能夠尋找到共同的話題，為進行下一步的交往打下基礎。

在生活中與人往來時,探探一個人的內心有多深,除了預防受騙,也能幫助自己開啟交流的局面。俗話說「話不投機半句多」,如果在不了解對方的情況下一味地用自己的閱歷見聞與對方交流,大多數會出現兩種情況:一種是對方根本不懂你在說什麼,另一種是對方覺得你是在班門弄斧,你很幼稚。

所以在與人交流時可以先透過舉止言談、眼神變化和思維邏輯等來給予判斷,然後再與他人進行初步的「試探」交往,這樣既能進行一個很開心的交流,又能提高辦事的效率。

讓對方做主角,「深藏功與名」

李白在〈俠客行〉裡面寫道:事了拂衣去,深藏身與名。許多人的內心大多都有一個成功夢,但真的做到低調這一點的,能有幾個人呢?

社會上,每個人都在自己的位置上奮鬥著,讀者可能秉持著「優秀是一種習慣」的執著,努力讓自己發光出彩,渴望被認可、被讚揚,努力把最好的自己展現給別人,希望獲得他人的好感和尊重。

在你鋒芒畢露的同時,你不加隱藏的自我可能也在刺痛著他人自尊,因為每個人都渴望被人尊重。站在舞臺上的你發光

第一章 知己知彼，做出色的溝通者

發亮，或許正好襯託了那些沒有光澤的角落。

人都有一種對照心理。所謂對照，指的就是人會下意識地與身邊的人做比較。比如一起畢業的同學，如果大家混得差不多，那麼就會很開心，但如果有一個人突然發了大財，那麼其他的同學就會覺得沮喪。

人與人的互動也是如此，人的價值是在互動中得到實現的，而不是自己獨立表現的結果。在與別人溝通和交流的過程中，你希望自己可以操控談話的主動權，讓對方傾聽、肯定自己，但在對照心理之下，對方會感到不快，這種不平等的感覺會傷害到對方的自尊心，即使別人出於禮貌聽完了你想說的話，進一步的交流卻很難進行下去。

所以，你要適時地隱藏自己的光芒，讓對方做主角，自己做配角，給予對方充分的尊重與耐心，讓交流變得自然順暢。

讓對方成為談話的主角還有一個好處，那就是能夠從對方那裡捕捉到有用的資訊。讀者應該了解，什麼叫後發制人，後說話、少說話的那個人，才能讓話語更有力量。

一家日本公司與一家德國公司正進行一場貿易談判。談判剛開始的時候，德國談判代表滔滔不絕地向日方介紹情況，而日方談判代表則一言不發，只是在那裡認真地聽著，並不時地做記錄。當德國代表講完，徵求日方意見時，日方代表卻迷惘地表示「聽不太懂」，要求「回去研究」。

到第二輪談判時，日方代表團是全新的陣容，聲稱自己「不

了解情況」，無奈之下，德國談判代表只好重複說明了一次，日方代表仍是埋頭記錄，仍答「還不太懂」。談判再次進入休會狀態。到了第三輪談判，日方代表團又故技重施，只告訴德國代表，「回去後商量一旦有結果便會立即通知」。誰知道，半年過去了，日方一直沒有消息。正當德國談判代表因為得不到任何消息而煩躁不安時，日方突然派出了一個由董事長親率的代表團飛抵美國，突襲要求立即談判，並丟出最後方案，催德國談判代表討論全部細節。日方對於細節的設定是如此詳細，以至於德國代表認為日方已經做了很長時間的準備。就這樣，在毫無準備之下，德國公司不得不同日本人，達成了一個明顯有利於日方的協議。

現實生活中，太多人喜歡鋒芒畢露，處處要表現得高人一等。在與別人的交流過程中，如果被別人比下去，就會感到憤怒，其實這樣的心態只能徒增煩惱而已。

我們都不喜歡與炫耀自己的人交往，因為傲慢與高傲拒人於千里之外，我們遇到這樣的人連交流都不想進行下去，更別說成為夥伴或朋友。所以我們在與人交往的過程中，應該不要讓對方覺得你比他強，而是要以平等、真誠的態度做一個傾聽者，讓對方喜歡主動地與自己交談。當對方真情流露之後，彼此的感情會增進一步。

一位蘇先生去參加一場時裝秀，在會場，一名設計師的用料引起了他的注意。時裝秀完畢，蘇先生找到了設計師，首先向對方表達了自己的崇拜之情，並稱讚對方的設計很有新意。

第一章　知己知彼，做出色的溝通者

　　然後，他又說：「我對您設計的時裝用的金屬感的布料十分感興趣，但是有一個問題我不太清楚……」剛說到這裡，那位年輕人就道：「您是不是想問這種布料的優點與適用族群？」「是啊，我以前見過用金屬感的布料做的設計，但是沒有您的時尚與突出。」

　　設計師笑了笑說：「你說得對，以前有過這樣的設計，但是裁剪的手法不一樣，造成的效果千差萬別。」

　　設計師說到這裡，臉上就洋溢著興奮的表情。蘇先生聽到這裡後，就把自己原來的話都嚥了下去，問道：「你用的裁剪手法有什麼特別之處呢？」設計師馬上滔滔不絕地講了起來，蘇先生請他做他品牌的設計師，他也毫不猶豫地答應了。

　　其實蘇先生找設計師談話，本來只想把自己的設計想法表達出來，但是當他看到對方興奮的表情後，把自己想說的話又嚥了回去，甘願聽取別人的意見，自己當作學習者，並主動向對方請教問題，最後取得了很好的談話效果。

　　在與他人交談的過程中，只有充分地尊重對方，交流活動才能順利地進行；如果你總是和對方爭做主角，強迫對方聽取自己的意見，則必然會讓對方厭煩你的優越感。一旦這種厭煩產生，對方就會處處看你不順眼，這樣無形之中你就樹立了一個敵人。

　　法國一位哲學家說：「如果你想樹立一個敵人，那你就拚命地去超越他、打壓他，但是，如果你想贏得一個朋友，就必須

做出點小小的犧牲 ── 那就是糊塗做事,讓別人超越你。」

在與人交往中讓對方做主角,「深藏功與名」。我們除了要做一個學習者、傾聽者,還要注意觀察對方的反應,過度的認同會顯得虛偽與奉承,而用真摯的眼神與平等的應答才會使別人得到真正的尊重。

傾聽讓你擁有好人緣

王褚順是一家IT公司的員工,一日在辦公室加班,晚上8點到茶水間喝咖啡,剛好另一個部門的一位加班的女同事也在那裡喝咖啡,打了聲招呼之後,兩個人就在一張桌子兩邊坐了下來。

那位女同事本來想自己一個人坐一會,等王褚順坐下來之後,就開始和他聊起天來。平時王褚順是一個很善於言談的人,但剛好那一天喉嚨不是很舒服,因此就沒有多說話,只是靜靜地聽那個女同事說話,並時不時地表示關切和認同。

結果這樣一聊就是一個多小時,期間看那女同事說得起勁,王褚順也沒有打斷她。那女同事從工作聊到個人感情,從個人感情聊到成長經歷,王褚順就一直在那裡聽著,直到9點半辦公室的電話鈴想起,那個女同事才意猶未盡地離開,臨走時還說了一句:「小褚,和你聊天真開心!」

第一章　知己知彼，做出色的溝通者

　　王褚順其實並沒有聊什麼內容，一個喉嚨痛的人，能說多少話呢？所謂的聊天，不過是一個人傾訴，一個人傾聽，但就是這樣的聊天，卻讓聊天對象無比開心，這就是傾聽的力量。

　　人與人聊天的時候，誰都願意做那個傾訴者，誰都有一肚子的話想要說出口，這就導致在很多時候聊天變成了各說各話。各說各話的聊天，大家想的是怎麼爭搶話語權，搶到話語權多說話的人會感覺心情愉快，但搶不到話語權的人，則會比較鬱悶。因此，一般的聊天技巧都會教讀者怎麼去搶奪話語權，怎麼樣表達自己。

　　但是，一個會聊天的人，並不一定非要搶奪話語權。我們不是為了聊天而聊天，無論出於溝通的目的，出於說服的目的，還是出於感情交流的目的，聊天首先要做的就是讓對方願意跟你聊。

　　那麼這裡就出現一條捷徑了——傾聽，我們如果能夠用一種方法，讓對方對我們滿意，願意和我們往來，那麼即便讓出話語權，又有什麼關係呢？

　　身為一位合格的朋友，我們要耐心傾聽對方的抱怨；身為一位合格的子女，我們要耐心傾聽父母的嘮叨；身為一位合格的伴侶，我們要耐心傾聽對方的心聲。身為一個提出問題的人，我們更要耐心傾聽對方的解答。傾聽比發問更加重要，在與人聊天的時候，一個善於傾聽的人能夠獲得多方面的好處。

　　首先，我們自身的不足之處往往是由語言暴露出來的，而處

於沉默狀態的傾聽，則可以掩飾我們的缺點。譬如，在聊天的時候，你在某方面的知識含量有限，當別人恰好提及了這方面的知識，此時，你能恰如其分地保持沉默，傾聽別人怎麼說，就隱藏了自己的無知。

同樣，如果你對交談中所討論的問題還沒有認真思考過，還無法發表自己的意見，那麼此時保持沉默，選擇傾聽，就可以暫時不表示出你的立場。因為你一旦開始講話發言，你就必須有自己的意見，這樣一來，你就必然陷入連自己都不了解的立場中。

娜娜曾經接到了這樣一項工作，兩位爭執得不可開交的部門經理吵到了人資部門，對於這兩個部門經理的對錯問題，娜娜是無從評判的。因此，她就靜靜地坐在桌子後面，傾聽兩個部門經理在面前爭吵。

娜娜非常了解傾聽對於自己的保護作用，在工作之外的領域，她也會經常採取傾聽的策略。例如，娜娜想要購買一輛二手車，她遇到了一位銷售能力超強的業務，他對顧客的一切問題都應付得得心應手。但當時娜娜還沒有拿定主意，而她知道，無論她提出什麼理由拒絕對方，都會被對方反駁。

「可是我現在還沒下定決心！」娜娜試想，如果自己敢這麼說的話，對方一定會說「為什麼呢？這輛二手車對於您來說難道不是最好的選擇嗎？為什麼要猶豫呢？猶豫就等於是錯過機會啊！您要知道，如果您現在不買下它，很可能明天它就被放在

第一章　知己知彼，做出色的溝通者

某個人的車庫裡了！」想到這裡，娜娜都覺得好笑，於是她繼續保持著沉默。她明白，她越是不開口講話，這個有本事的業務就越是沒有辦法。

傾聽的第二個好處在於幫助你觀察聊天對象。

對方透過聊天傳遞給你的資訊，還不是從你傾聽中獲得的最重要的資訊，最重要的是你能夠在傾聽中觀察聊天對象、研究他的性格。有一句話叫：談吐反映著一個人的內心。如果你能夠在傾聽的時候觀察對方，就能夠得出很多有關於對方的結論。

要知道，傾聽是一種防禦的姿態，而表達則是一種進攻的姿態。人處於表達的狀態當中，往往會不自覺地表露出本身的個性和情緒。譬如有些人說話邏輯混亂，就代表著他的想法容易受人影響；有些人喜歡誇張，就說明這個人有一些自大的性格；而有些人為了預防別人的觀察，往往會降低自己的語速，緩慢地表達。儘管這樣，我們仍然能夠看出對方是一個謹慎的、防禦性較強的人。

傾聽的第三個好處是讓聊天對象感覺被尊重。善用傾聽的人應該了解，讓他人感到被尊重並不是一件難事，只需讓他講話就可以了。

人是社會性的動物，大多數人都喜歡向他人表達自己，而說話就是最好的表達。因而給予人們快感的最行之有效的方法，就是傾聽他們說話。如果你從一個不善於傾聽的人變成了善於傾聽的人，你就會發現，自己的人緣立刻就變好了。

也許你的「實話」很真誠，但可能很刺耳

一位學者有句名言：假話全不講，真話不全講。我們從小就被教導實話實說的道德觀念，認為實話實說便是誠實、正直的表現，但是有的時候，你的「實話」或許很真誠，但也很刺耳，更讓人無法接受。

在與人交往時，讀者想必經常會聽到這樣一句話：我說一句話你別生氣。很多人用這句話作為說出下一句話的鋪陳，讓對方做好心理準備，接下來的話可能會不好聽。

既然你知道話不好聽，為什麼還要心直口快地把「實話」說出來呢？而話一出口，往往惹得對方不高興，在這種情況下，對方將很難接受你的意見，最後鬧得不歡而散。一個會說話的人，是不會這麼做的。

跟別人聊得來，最終是要讓別人願意跟你聊，所以你必須掌握說實話的分寸。實話如果太難聽，那麼你應該選其他的方式，把它包裝一下，至少讓它不那麼刺耳之後再出口。這一方面是顧全了別人的面子，另一方面也成全了你的智慧。

楚穆王去世後，楚莊王熊旅成為楚國國君，但是他上任三年來沒有頒布一項政令，也沒有一項提高政績的作為。

右司馬伍舉看到天下大國爭霸的形勢對楚國很不利，就想勸諫楚莊王放棄奢華的生活，勵精圖治，振興楚國。但是當時楚

第一章　知己知彼，做出色的溝通者

莊王頒布了一道命令：「有勇於勸諫的人，就處以死罪！」右司馬伍舉不敢直言勸諫。

有一天上朝，楚莊王還是一言不發，伍舉陪侍在旁，就在楚莊王準備宣布退朝的時候，他請楚莊王猜一個謎語：「有一隻鳥停駐在南方的阜山上，三年不展翅，不飛翔，也不鳴叫，沉默無聲，這是什麼鳥呢？」

楚莊王說：「三年不展翅，是為了生長羽翼；不飛翔、不鳴叫，是為了觀察民眾的態度。雖然這隻鳥還沒飛，一飛必將沖天；雖然還沒鳴，一鳴必會驚人。你放心，我知道了。」

伍舉聽到楚莊王這樣說心裡暗暗高興。原來在上朝的前一天他看見楚莊王和妃子們進行猜謎遊戲，楚莊王玩得十分高興。他靈機一動，決定用猜謎語的辦法，在遊戲中暗示楚莊王。沒想到自己的做法真的很管用。

其實楚莊王之所以三年不理朝政，一是為了觀察朝野的動態，二為了讓別國對他放鬆警惕。聽到伍舉的暗示後，楚莊王覺得朝廷百官都為楚國的前途擔憂，自己不能再過荒誕奢華的生活，於是他決定要整頓朝綱、重振君威。

如果伍舉不顧楚莊王的顏面，當著全朝文武百官的面冒死進諫，說楚莊王三年無作為，那麼楚莊王必定大怒，即使楚莊王不生氣，但是作為一國之君，也不能不假裝生氣。伍舉用比喻的說法，既婉轉地表達了自己的意思，又顧全了帝王的顏面，可謂是一舉兩得。

也許你的「實話」很真誠，但可能很刺耳

在與人交往的過程中，忠言其實未必非要逆耳，良藥也未必非要苦口，把話說得難聽，並不代表你一定耿直，只能代表你少根筋。無論是對高於自己身分的人，還是對不如自己的人，始終保持一種委婉而柔和的態度，那你的人緣一定好得發燙。

美國總統約翰·卡爾文·柯立芝（John Calvin Coolidge）的女祕書長得非常漂亮，但工作經常出現差錯。一天早晨，柯立芝看見女祕書走進辦公室，便對她說：「今天妳穿的衣服真漂亮，很適合妳這種年輕漂亮的小姐。」

女祕書受寵若驚，柯立芝接著說：「但妳不要驕傲，我相信妳處理的公文也能和你一樣漂亮。」果然，從那天起，女祕書處理公文時很少出錯。

一位朋友知道了這件事，好奇地問柯立芝：「這個方法很妙，你是怎麼想出來的？」柯立芝說：「這很簡單，你看見理髮師是怎樣替人刮鬍子的嗎？他要先為人塗肥皂水。這是為什麼呢？就是為了刮起來不會使人疼痛。」

總統柯立芝的做法既保全了祕書的面子，又激勵了祕書，增加了祕書的自信。

讀者在現實的工作中也會經常遇到類似的情況，一些人的做法讓你不滿意，你想要指責他，但又怕引起他的不快。那就應該學學這位柯立芝總統，怎麼把批評的話說得像讚美一樣。

俗話說：「樹靠一張皮，人靠一張臉；看破不說破，大家都好過。」顧全對方的面子，給人臺階下，在指責中加點糖，能讓

033

第一章 知己知彼,做出色的溝通者

人吸收更多的養分。

在複雜的社會環境中,你必須明白,不是每個人都是知過必改、聞過則喜的,所以你說話的時候要注意對方的接受度。說話要講究藝術技巧和方式方法,學會在適當的時間、地點、場合分析你言談達到的效果,如果效果不佳,破壞氛圍,傷和氣,那麼不會巧說就不如不說。

在適當的時間獨自找機會婉轉地表達自己的實話,對方會採納你的建議,甚至會對你心生感激。

要想釣到魚,就像魚那樣思考

說話之前先談人性,人最大的特性是什麼呢?那就是為自己著想。主觀意識是所有人都無法擺脫的,因此,想要讓談話更有效率,想要和對方更聊得來,那最簡單的方法就是,換個角度思考一下,站在客觀的位置,想想對方主觀上可能喜歡聽什麼。

卡內基(Dale Carnegie)曾經說過一句話:「在去釣魚的時候,你會選擇什麼當魚餌?不管你如何喜歡吃起司,將起司放在魚竿前端是釣不上來半條魚的。所以,即使你很不情願,也不得不用魚喜歡吃的東西來當作魚餌。」

你在和人交流的時候也是如此,不管你有多麼獨到的見解,

或是口才如何好，如果你講的不是對方感興趣的話題，你說再多也是白費力氣。

一定有很多的讀者，在與人溝通的時候屢屢碰壁，經常遭到誤解，此時，你或許可以反思一下，是否忽略了溝通對象的感受。在與人交往時，如果你能站在別人的角度思考問題，清楚他人的想法與目的，那麼你就可以少走很多彎路，避免不見棺材不掉淚的魯莽行為。

春秋時期著名的軍事家孫武，在〈謀攻篇〉裡寫道：「知彼知己，百戰不殆。」意思是說，如果對敵我雙方的情況都能了解透澈，打起仗來就可以立於不敗之地。

孫武的思想不僅適用於作戰，對現代人的社交實踐也有著廣泛的指導意義。在與人交往時只有明白了對方的想法，才能掌握事情發展的方向，達到事半功倍的作用。

要想釣到魚，那就像魚那樣思考。在與人交流時，你如果能了解別人的心理需求，感受到他人的情緒，就能夠揣摩到對方的想法，進而將溝通進行到底，達到說服對方的目的。在遇到困難的時候，學會站在別人的角度看待問題，可以讓你突破固有的思考習慣，學會變通，解決一般的思考方式下難以解決的事情。

一個老太太去市場買水果，她走到第一個攤販面前，問道：「你的蘋果怎麼樣啊？」

第一章 知己知彼，做出色的溝通者

攤販回答說：「我的蘋果保證甜，不甜不要錢，買點吧，奶奶……」

老太太搖了搖頭，來到了另一個攤販的水果攤問：「你的蘋果怎麼樣？」這個攤販說：「我的蘋果當然好了，請問您想要什麼樣的蘋果啊？」

老太太說：「我想要酸一點的，我媳婦懷孕了，想要吃酸蘋果。」

攤販說：「奶奶，您對兒媳婦真體貼啊，您媳婦一定可以生個健康漂亮的寶寶。前幾個月，這附近也有兩家要生孩子，總來我這買蘋果吃，您猜猜怎麼樣了？結果都生了兒子。您要多少？」老太太聽了攤販的話，高興得合不攏嘴了，立刻買了一斤蘋果。

攤販一邊為蘋果秤重，一邊向老太太介紹其他水果：「橘子不但酸而且還含有多種維生素，特別有營養，對孕婦和胎兒都有好處。您可以買點橘子給媳婦吃，她一定喜歡。」

「是嗎？好，那我就再來一斤橘子吧！」

「您真好，您媳婦有您這樣的婆婆，真是好福氣。」攤販邊為老太太秤橘子邊說：「我每天都在這裡擺攤，水果都是當天從批發市場運回來的，保證新鮮，您媳婦要是吃完了，歡迎您再來。」

「沒問題，以後我就來你這裡買水果。」老太太被攤販誇得高興極了，一邊付錢一邊承諾著。

第一個攤販以迎合大多數人的觀念去推銷自己的蘋果，沒有了解到這個老太太的真實想法，直接就定位了自己的蘋果是甜的，失去了推銷成功的可能性。另一個攤販既探尋到了顧客的需求，又挖掘到顧客為什麼要買酸蘋果的更深層的原因，為留住一個長久的顧客做了準備。

　　生活中，大多數人都像第一個攤販一樣，把自己的觀點一股腦拋給對方，總讓他人感覺是在灌輸觀點，而不是真正地為對方解決問題。一旦讓對方留下這樣的印象，在接下來的交往中就變得十分被動。

　　而真正了解到他人的需求的，就像第二個攤販一樣，可以為他人提供最感興趣的資訊，這才能夠讓溝通繼續下去。

　　哲學家說：「我們每個人都是平等的，你只能用愛來交換愛，用信任來交換信任。」生活中我們在做任何事的時候都要學會照顧別人的感受與利益，這樣他人才會用同樣的態度來對待自己。在工作時要真正了解對方的需求，進行明確的服務定位，才能讓客戶滿意，被上司器重，使下屬擁護。

　　在與人聊天的時候，學會欣賞他人優點，並與對方進行真誠的感情交流，這樣才能建立長久的友誼。

第一章　知己知彼，做出色的溝通者

避諱「以我為中心」

在社會上，許多人喜歡當由「行星」圍繞的「太陽」，他們習慣用自己的視角去觀察世界，從自己的利益出發去制定行為策略，以自己的感受來決定別人的感受。久而久之，這種以自我為圓心、焦點的做法往往使自己喪失換位思考的能力，失去靈活轉換自己角色的智慧。

當朋友厭倦、同事不屑，在接受不了心理落差的情況下，他們更是會習慣性地抱怨他人，最終導致人際關係變差，與他人格格不入。

而一個懂得與人交往的人，則應該在交往時傾聽別人的思想與觀點，而不是事事都以自我為中心。

我們常說，言由心生，其實太以自我為中心的人，很輕易就會被人解讀為對人不尊重。真的尊重別人的人，才不會輕出惡語，才會善言。

人際關係是一張大網，所謂言多必失，在與人交談的過程中，太以自我為中心的人往往喜歡過度的表現自己。當事物的發展不受控制，矛頭往往會指向「出頭鳥」，即使事情不由自己而起，也會沾一身汙水。避免「以我為中心」是智慧與涵養的體現。

戰國時期的蘇秦，在燕昭王、齊宣王、齊湣王之世活躍於六國間，他以一己之力促成六國合縱，使強秦不敢出函谷關 15

年,身佩六國相印,傲視天下。

　　蘇秦朝「連橫」暮「合縱」,遊說時很講究語言藝術。他在遊說過程中不斷演練的「揣摩」之法,正是縱橫家們的必學經典《鬼谷子》所推崇的「謀之大本也,而說之法也」。

　　揣是指透過揣測、估計、分析、推理等方式對對方做出符合實際的判斷,摩是指會意試探、引誘之意。揣摩,意為反覆思考、推敲、揣度。分開來講,揣是以己之心度人之腹,測知其內情;摩則為以己之言探人之心使其外露。可以說,蘇秦在遊說的過程中站在他人利益的角度去分析問題,而不是一味地炫耀自己的才華,才有了如此的成就。

　　在與人交往過程中,你也要學會站在他人的立場思考問題,這樣才能達到雙贏的結果。在工作中,以我為中心是影響有效合作的最大障礙。當你只考慮自身得失的時候,工作效率就會消磨殆盡。過度的以自我為中心的思想,還會讓你變得妄自尊大,從而對自己的重要性抱著錯誤的認知,習慣性地將自己的計畫、安全、狀況和滿意感受放到首要位置,意圖透過自己的想法和行動去影響別人。

　　其實,每個人的人生觀、價值觀都不是一瞬間形成的,想要別人接受自己的觀點,首先要知道自己並非是一切的中心。欲消除自我為中心非常重要的是端正心態,謙卑的態度可以讓我們把自己放低,可以把重心放在那些你應該服務的人以及他們的需求中去。

第一章　知己知彼，做出色的溝通者

劉小儷是一家小公司人力資源部的主管，每次面試時都對下屬找來的人不滿意。在一次面試中，有10個人進行第一輪的口試，每個人口試完畢之後她都會給予長篇大論的糾正。到了中午快吃飯的時間，還有一半面試人員沒進行面試。於是她縮短了每個人口試的時間，只要面試人員有點緊張就會馬上制止，不讓其進行下去。

結果有一位面試人員上臺之後，沒有進行口試，而是當著所有人面說：「我為這次面試已經準備了很長時間。每個人都會緊張，但是在別人進行口試時強行打斷，是非常不禮貌的行為。我在底下算了一下，一共兩個小時的口試時間，坐在臺下中間的主管，光打斷別人說話，講述自己的要求與經驗就花了近50分鐘。在求職網上看到貴公司的職缺已經開了很長一段時間，我想這也許就是貴公司長期找不到人的緣由。我想我的口試到這裡已經結束，也沒有必要再進行下去，最後我想說，貴公司這種做法真的會影響企業形象。」

他說完，下面前來應徵的人員開始鼓掌並且紛紛離開大廳，剩下整個人力資源部門的人竊竊私語。劉小儷仔細看了他的履歷發現原來他是公司挖來的工程師，不久之後，劉小儷就被解聘了。

劉小儷習慣了說話占上風，以自我為中心，這種做法早已經讓下屬感到反感，她又不加節制地在別人口試時強行打斷別人，破壞面試規則，給別人留下了強烈的不尊重人的感覺，所以最後落了個被解聘的下場。

> 避諱「以我為中心」

　　說話的時候,聽別人怎麼說是對人最基本的尊重的表現,在現實生活中,如果你和對方搶著說話,進行爭論,對方自然覺得不舒服。當你發洩完之後,卻發現對方一臉不高興,最後兩個人不歡而散,既沒有意義還傷了彼此的感情,這種做法只能是得不償失。

　　所以,與別人對話的時候多傾聽。說得越少,你的失誤就越少,給對方的空間越大,就越能讓對方說出心裡的話,這樣既尊重了別人,還能促進彼此的交流,何樂而不為?

　　人要徹底走出以自我為中心的圈子,就應把自己放下,除了學會虛心請教、善於傾聽,還要學會心胸豁達、寬宏大量、通情達理。

　　俗話說,「心底無私天地寬」,自己的天地寬廣了,才能見到大世面,有了知識有了遠見,才能讓自己的境界不斷向上,境界越高天地越寬,視野越開闊就越有見識,心有多大舞臺就有多大。只要自我的心胸開闊就不會被生活所累,只要學會以己度人就不會以我為中心。當朋友真摯,同事和睦,才能站上更廣的舞臺,盡情地發揮自我的能力,施展自我的才華。

第一章　知己知彼,做出色的溝通者

第二章
見面三分情，
養成讓自己處處受歡迎的溝通習慣

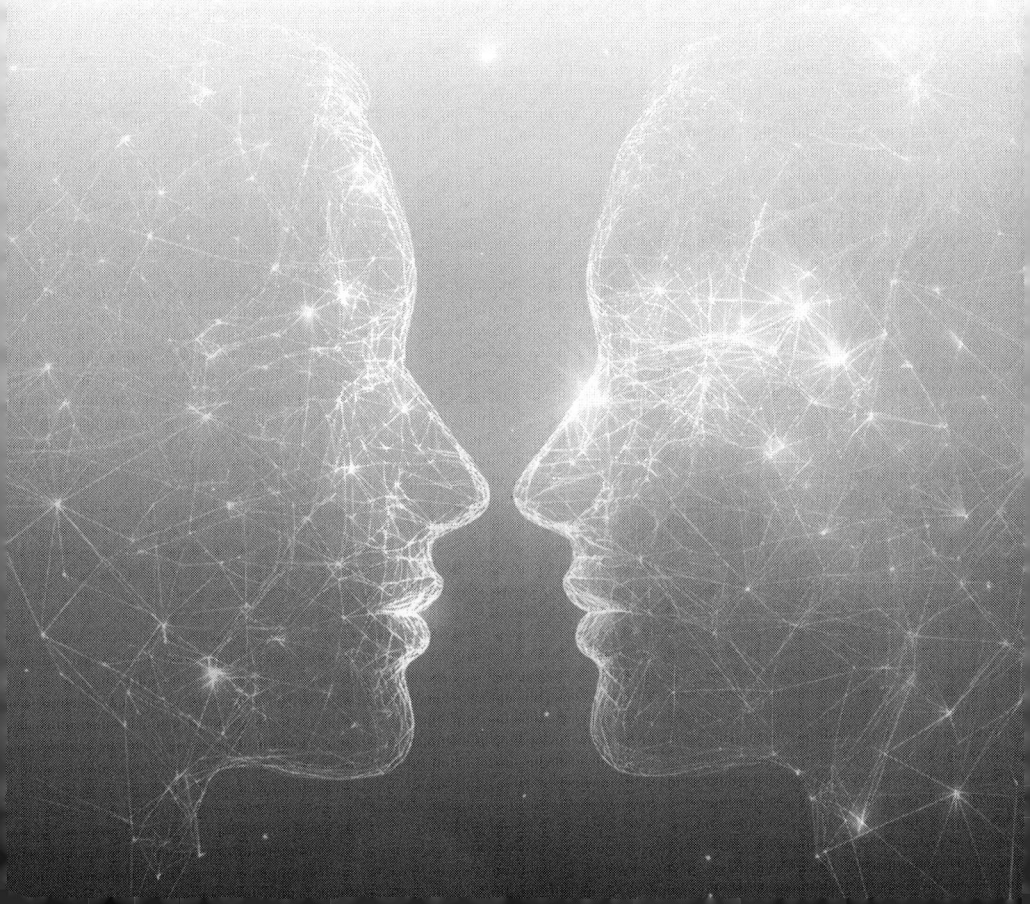

第二章　見面三分情，養成讓自己處處受歡迎的溝通習慣

魅力開場，贏得不凡的第一印象

開場白的目的就是贏得聊天對象的注意，由於人與人之間的第一印象會在極有限的時間內形成，如果在一開始你就不能讓對方提起興趣，那麼接下來，你往往就需要花費更多的口舌去引起對方注意了。

說好開場白有很多的技巧，其中有一種技巧是最吸引人的，那就是讓開頭無比驚奇。這就像是一個刺客，上來就一針見血地直指對方的要害，其結果自然是引起對方的驚呼。

開場白充滿驚奇，就會顯得非常有意思，而越是有意思就越容易引起別人的注意。所謂「驚奇」，就是指聽者對此表現出了興趣和關注──「真是怪了！」「怎麼居然有這回事！」

因此，要是講一些大家都知道的事情，那麼任何人都不會感興趣的。相反，當對方說：「怎麼？竟是這個人？居然有這麼回事？」也就是在這個時候，他的驚奇便顯現出來。

民國奇人辜鴻銘，學貫中西，名揚四海，他自稱「生在南洋，學在西洋，婚在東洋，仕在北洋」，西方人曾流傳一句話：「到中國可以不看三大殿，不可不看辜鴻銘。」

辜鴻銘先生每天拖著辮子在北大行走。在當時的北京，留辮子可以稱得上是標新立異的一景，引起北大學生的議論和嘲笑。

某個學期開始時，辜先生明白自己又要面對學生的嘲笑，他雖然對此習以為常，但也想逗一逗學生。只見他走上講臺，慢吞吞地說：「諸君以為我留辮子很奇怪，殊不知你們諸君也留著辮子呢！」

一句話引起了在座學生的好奇，大家紛紛安靜下來，等著聽辜先生往下講。結果辜先生說：「我頭上的小辮子，只要一把剪刀就能解決問題，但要割掉你們心裡的小辮子，那就難了。」頓時全場肅然。

一針見血的開場白，瞬間單刀直入，很容易引起聊天對象的關注。在興趣、震驚、不知所以的情緒下，對方自然會關心你接下來要講的事情。

所以，在一些特別不容易引起聊天對象關注的場合，善用這種一針見血的技巧，往往能夠取得不錯的效果。

乃木一聞曾被邀請去聽一次講座，一向厭惡這種講座的他都是帶著隨身聽到現場的，但現場演講者的一句話讓他愣在了那裡，在剛開始不到60秒，他就決定一定要把這場演講聽完了。因為演講者說了這麼一句話：「我，在20歲的時候，就曾死過一次。」一聽到這話，乃木一聞就想繼續聽下去，當時乃木一聞就想：這世界上居然還有這樣的事。

「我考上熊本醫學院後，馬上就做了體檢。學醫的學生是由教授親自檢查的。五月分我去學校時，發現通知板上寫有我的名字。通知上說，讓我立即去找某某教授。我立刻就聯想到『是

第二章　見面三分情，養成讓自己處處受歡迎的溝通習慣

不是我做錯了什麼』，結果是我被告知得了結核病，而且病情還相當嚴重，所以必須立即住院接受治療。可是，我不想就這樣白白地放棄自己好不容易才考上的醫學系，於是就隱瞞了這一切。這樣大約過了一個月，突然有一天我在大街上咳血不止了。等我醒來時，發現我已經躺在回東京的臥鋪車上，整個路上我一直都躺著。

「為了打發時間，我就捧起那本書，那是一本我寄宿的那家阿姨送給我的書。那本書中寫了很多有關內心世界與醫學、疾病、免疫力之間的相互關係的內容。讀到動情之處，我不禁潸然淚下。我感覺當時我的眼淚似乎要流乾了。尤其令我感動的是，書中寫道：『人，並不是他孤身一人就能輕易地生存下去的，他的生命是由宇宙法則所主宰的。』

「我深切地感悟到，原來我自己的生命是冥冥之中就被注定了的。回到家後，我又把那本書讀了許多遍。在家休養期間，我只是吃些流食。但是，大約過了一個星期，我就感覺多少有了些精神。於是，我就告訴母親說，我的病可能好了。母親聽後非常吃驚，說這不可能。

不過，由於我一直堅持說可能已經好了，所以就讓東京大學醫院的醫師檢查了一下。檢查結束之後，那位醫師對我說：『你的肺部根本沒有結核呀？還是趕緊回學校去上課吧。』

「於是我就返回了學校。教授和周圍的朋友都不相信我的結核病好了，他們說你必須儘早回家。眼看著我就要被趕回去了，於是我就不斷地請求再幫我檢查一次，就這樣他們最終為

魅力開場，贏得不凡的第一印象

我做了一次檢查。檢查的結果讓大家難以置信，結核豈止是痊癒了，而是完全消失了！其後一段時間裡，我都被當成了學會及其他醫學組織的研究對象了……」

由於講演中不僅引用了醫學上的準確數據，而且講得詳細並極富哲理性，所以聽著聽著，兩個小時的時間轉眼之間就過去了。

乃木一聞一直都在饒有興致地聽著這個故事。不僅僅是他，當時在座的很多人都在認真地傾聽，沒有一個打瞌睡的。

演講之所以這麼引人入勝，就是因為演講者一針見血地引起了在場所有人的好奇和關切。

聊天開場時做到一針見血，這是很多人的追求。但凡事都要掌握好分寸，如果亂說或沒話找話，那只是適得其反。一味地追求一針見血，沒話找話說，說一些明顯不合常理的話，到頭來只會弄巧成拙。

讀者還要注意的是，一針見血不能保證你所說的話全部都能讓人樂意接受，但是一定要確保開始的時候是讓人感興趣的，因為只有一個好的開始才能吸引別人，才可以保證別人能從始至終都能將注意力放在你所說的話或做的事上。

047

第二章　見面三分情，養成讓自己處處受歡迎的溝通習慣

開場的寒暄很重要

　　西元1865年4月9日的一個午後，美國維吉尼亞州阿波馬托克斯鎮的一戶民宅裡，一個大鬍子美國人迎來了自己的敵人，這個大鬍子是美國南北戰爭北軍統帥格蘭特（Ulysses S. Grant）將軍，而他迎來的則是他的死敵，南軍統帥，同時也是他在西點軍校時期的校長，鼎鼎大名的羅伯特・李（Robert Edward Lee）將軍。

　　李將軍的到來是為了洽談南方投降事宜，雖然南軍已經戰敗，宣布向聯邦政府投降，但南方大部分將領依然心有不甘，包括羅伯特・李將軍也是滿懷悲憤。

　　在這種局勢下，當然是仇人見面分外眼紅，李將軍恨不得上來就是一陣唇槍舌劍。但格蘭特將軍卻非常巧妙地化解了這些潛在的問題，他見到自己的老校長到來，表現得尤為恭敬，並且在談判開始時，格蘭特用了很長時間和自己的老校長寒暄。先是問老校長的身體如何，接著聊了聊天氣，最後又聊了聊在西點的經歷。

　　這些寒暄讓本來心有芥蒂的羅伯特・李將軍慢慢放鬆了下來，南軍將領也不再像剛剛那樣桀驁不馴，最後雙方在頗為友好的氛圍下，完成了受降事宜，並結束了美國歷史上悲壯至極的一場內戰。

開場的寒暄很重要

在與人見面的時候，我們通常會進行寒暄，陌生人之間要透過寒暄加深彼此認識，熟人之間更是要透過寒暄讓氣氛熱烈起來。寒暄可以說是聊天開場的催化劑，好的寒暄能夠讓聊天氛圍變得不一樣。但寒暄如此重要，卻不見得有多少人真的重視這個技巧。

可能有讀者會很不屑──寒暄不就是聊聊家常嗎，這有什麼難的！的確，生活中你見到的寒暄，通常都是隨便說一些無關緊要的話。但你可能沒有發現，好多寒暄其實並沒有發揮應有的效果，那是因為寒暄的方式不對。

在與他人見面之時，若能選用適當的寒暄語，往往會為雙方進一步的交談，做良好的鋪陳。反之，在本該與對方寒暄幾句的時刻，卻一言不發，這不僅沒有禮貌，而且也會為你們以後的交往帶來障礙。那麼什麼樣的話題才是恰當的寒暄話題呢？

寒暄是正式交談的前奏，直接影響著整個談話的過程。因此，讀者在寒暄之前一定要注意以下三點：

■ 第一，保持熱情友好的態度。

兩個不相熟的陌生人見面後，首先要有一個友好的態度，這樣才能增加彼此之間的親切感。這種熱情友好有賴於主動熱情、誠實友善的態度。因為沒有一個人願意見到別人冷冰冰地說「很高興見到你」，這樣的態度就像是很不情願或者盲目應承的話語，所以，我們一定要注意見面談話時候的表情和態度。

第二章　見面三分情，養成讓自己處處受歡迎的溝通習慣

■ 第二，寒暄要適可而止。

做任何事情都應該有一個「限度」，寒暄也不例外。兩人相見，聊得起勁，的確有種相逢恨晚的感覺，但是一定要切忌沒完沒了，時間過長。這樣兩個人才能抓住結交的重點，而且還能把自己的心意表達完整。

■ 第三，寒暄要看交談時機、場合與聊天對象。

問候語具有非常鮮明的習俗性、地域性的特徵。比如，有些地方的人通常喜歡問別人：「吃過飯了嗎？」其實就是「您好！」您要是答以「還沒吃」，意思就不大對勁了。但是到了某些地區，用這句話問候別人，就會被人誤解，他們會理解成「你要請他吃飯」或者「多管閒事」，從而引起誤會。所以，在商務活動中，在你不了解對方的情況下，為了避免誤解，應統一以「您好」、「忙嗎」為問候語，最好不要亂說。

另外，寒暄的常見類型通常有三種——問候、認親、關照。問候是一些平常問候語，在日常生活中較為常用。認親則是抓住雙方共同的親近點，並以此為契機來進行發揮性的問候。關照主要是在寒暄中站在對方的角度來思考話題，並且勾勒出整個話題架構。

可能有不少人對於套交情，心裡多少都有些牴觸想法，不是膽怯就是不屑。但是我們一定要意識到，與陌生人溝通、來往是個繞不過去的檻、非跨不可的溝，只有正視它、面對它，

知道怎麼做，才能真正地幫助你與陌生人搞好關係。

總之，寒暄的語氣應該視當時的氣氛而定，而且話語可長可短，但通常都力求簡潔。因為初與陌生人接觸，開場白是非常重要的，它給別人的印象是非常深刻而且不容易改變的。所以我們一定要注意自己的言談舉止。如果我們不注意，一開始就說錯話，那麼別人肯定會以為你不尊重他，為此和你劃清界限。

在聊天的時候，每個人都是希望能夠出現令人愉悅的場面的，只要你懂得並且學會一些套交情、活躍氣氛的小手段，就可以讓自己與陌生人的交往變得輕鬆起來。

巧用稱呼先聲奪人，一開口就抓住對方

赤壁之戰的時候，魯肅見諸葛亮的第一句話是：「孔明，吾乃子瑜之友也。」孔明是諸葛亮的字，一般親近人才這麼叫，子瑜則是諸葛亮的哥哥諸葛瑾的字，諸葛瑾當時在東吳孫權帳下效力，與魯肅是好友。就這樣，一句話之間，魯肅便與諸葛亮拉上了關係。

俗話說「萬事開頭難」，一次成功的交流有著多方面的因素在發揮作用，但好的開頭與稱呼，可以讓雙方在瞬間拉近關係。作為談話的第一步，這無疑是一個不可忽視的重要因素。

第二章　見面三分情，養成讓自己處處受歡迎的溝通習慣

　　稱呼連繫、傳遞著人們的感情，有些人不理解、不重視，把打招呼、說客套話視為可有可無的小事，認為稱呼就是一個名稱，沒意義，不必要巧用。

　　其實，在與人交流時巧用稱呼是非常重要的事情，稱呼運用得得當能吸引對方的注意，就像魯肅見諸葛亮那樣，才能使他人願意初步地認識自己。

　　好的稱呼表達效果也是多方面的，或讓人感覺親切，或者與眾不同……無論設計什麼樣的稱呼，歸根到底都要力求獲取好的開場，一開口就抓住對方。

　　明朝萬曆十五年，光祿寺少卿江東之因為誹謗首輔申時行，被萬曆皇帝貶官，到當時尚處於邊遠的貴州山區做地方官。

　　江東之於萬曆五年中舉，之後在京沉浮十年，從都察院到光祿寺，一直處在政治中心，這一次被外放貴州，心中的淒涼可想而知了，因此一路上一直是鬱鬱寡歡，見誰都不痛快。

　　等到了貴州時，當地接待的官員一看江東之這副樣子，心中就明白是怎麼回事了。為了討江東之喜歡，這個官員一見面不是稱其為江冬卿就是稱呼憲臺。

　　冬卿是漢朝對光祿寺卿的尊稱，而憲臺則是對都察院都御史的尊稱。這兩個稱呼一出口，算是捏住了江東之的癢點，他被叫得渾身舒坦，脾氣頓時好了很多，對這個接待的官員也另眼相看。

　　以江東之當時的身分，他完全配不上這兩個稱呼，冬卿是

用來稱呼光祿寺卿的，但他只是光祿寺少卿，算是副手，而且還沒有做多久。而憲臺則是用來稱呼都察院的高級長官的，江東之當年只是一個御史，而且還沒有做出過多少政績。

但這些都沒有關係，不會有人揭穿，而且在不遠萬里的貴州，還有人用京官的尊稱來稱呼江東之，這對於一個被貶官的人來說，已經足以讓他心花怒放了。

這就是巧用稱呼的技巧。在平時的談話中，好的稱呼可不僅僅是用來打招呼的，它代表的既是一種人物關係，又代表的是一種態度。

例如古代中國，稱呼一個人都稱呼字而不稱呼名，一個人的名是只有少數人能夠用的特例。譬如上官稱呼下官可以稱呼名，皇帝稱呼大臣可以稱呼名。因此，如果皇帝不選擇稱呼大臣的名，而用字來稱呼大臣，那麼這就是格外的殊榮了，這會讓大臣感覺到皇帝對他的重視，進而發自內心的感動。

劉備稱呼諸葛亮就叫孔明，曹操稱呼荀彧就叫文若，唐太宗稱呼長孫無忌就叫他的字輔機，康熙皇帝稱呼近臣張廷玉就叫他衡臣。

皇帝尚且知道用稱呼來融洽君臣關係，我們現代的讀者在與人接觸的時候，更是應該注意這點。

恰當的稱呼會始終貫穿於整個談話的過程中，讀者在運用它時應該學會隨機應變、見機行事，盡量把稱呼運用得恰當親切，不失巧妙，讓它能夠先聲奪人，與眾不同。

第二章　見面三分情，養成讓自己處處受歡迎的溝通習慣

在車站，小趙被身旁一名女生獨特的氣質吸引住了，於是走上前和她說話。這女生高高瘦瘦，微捲的棕黃色的頭髮自然地搭在肩上，白皙、秀麗的臉龐非常精緻，脖子圍著一條圍巾，身穿米色風衣、黑牛仔褲，腳上一雙休閒鞋，一身打扮很簡單。

小趙說：「看妳個性十足的樣子，我猜妳一定是一個明星大學的高材生？」沒想到那女孩淡淡一笑：「我不是高材生，我成績中等，並不是很出色，但我確實是一名大學生，雖然現在的學校不好，可是我的成績還不差。你呢？是工作了還是仍在讀書呢？」聊著聊著，兩人就成朋友了。

小趙用高材生這樣的稱呼贏得了對方的好感，迅速地拉近了彼此間的距離，甚至讓對方產生了一見如故的感覺。

在與陌生人交際時巧用稱呼就相當於為雙方的進一步交往和交流開了個好頭。生活中每個人都希望得到別人的關注，而稱呼就代表了你對對方的第一印象，所以巧用稱呼，把它變為某個人身上的特徵，那麼就很容易獲得對方的好感。

我們在運用稱呼時，先要了解對方的喜好與關係。「稱呼」這個詞代表的是一種稱謂關係，而關係有親疏遠近之分，攀親帶故的稱呼會拉近自己與對方的關係，使對方覺得溫暖，進而談話就很容易進行。

面對不同的人要有不同的稱呼，比如對年長的人不妨叫一聲哥哥、姐姐，而身分地位高的人一般會有虛榮心和優越感，

這時不妨投其所好，用符合其身分地位特點的稱呼來迎合他的口味。

在交往中要勇於帶有「奉承」地稱呼對方，畢竟要先聲奪人，讓對方滿意才是關鍵。

想要抓住人心，不妨試試故弄玄虛

當讀者看推理劇或推理小說的時候，一定會被裡面層層的疑問所吸引，進而非常想知道下面會發生什麼事情。

其實與人聊天也一樣，如果一開始說出來的話便平淡如水，讓人提不起興趣，那麼接下來，即使口才再好，也很難讓人留下深刻的印象。所以，只有讓聊天的內容妙趣橫生、出人意料，才能取得好的聊天效果。

在與人聊天的時候，為了能夠引起對方的興趣，有時讀者可以學著故意設定一些懸念、吊一吊人的胃口，給他人留下想像的空間。這樣做，往往能激發人的好奇心，使彼此迅速進入談話的狀態。

10歲的孔融和父親一起來到洛陽，一天，孔融瞞著父親一個人來到洛陽名士李元禮的門口，對著守門人行了個禮說道：「李大人是我的親戚，我要進去見他。」

第二章　見面三分情，養成讓自己處處受歡迎的溝通習慣

　　要知道，李元禮在當時社會上有很大的影響，官至司隸校尉；而且不僅官職大，還因為品德高尚、才華橫溢，在士林中享有極高的聲望。很多人都慕名想要拜訪他，但是他並不是所有人都見。

　　孔融幾次央求父親帶他去見李元禮，父親生怕他小，不懂分寸，冒犯了人家自己擔不起這個罪，所以一直沒有同意。但越是這樣，孔融就越是想去。

　　孔融說完李元禮是他父親的親戚後，守門人見他長得聰明可愛，舉止行為十分得體，是個書香人家子弟，沒多想就進去通報李元禮。李元禮很好奇，心說我家有這樣一個親戚嗎？便要守門人問清楚來人是哪方的親戚。結果孔融回答說是「祖上的親戚」，李元禮聽回話更是好奇，於是便要守門人將他請了進來。

　　孔融被請進客廳，李元禮就問道：「你真是我的親戚嗎？」孔融答道：「說來話長，過去您的祖先老子和我的祖先孔子有師生關係，因此我和您自然是老世交了。」

　　見這個孩子這麼從容不迫、機靈可愛，在座的賓客都非常喜歡他。李元禮禁不住連聲讚道：「好口才，真是個神童啊！」

　　孔融用一句「李大人是我的親戚」引起了李元禮的注意，吊住了他的胃口，因此才有了後來表現的機會。

　　在與人聊天的時候，第一次見面的人往往很難引起對方太

大的興趣，要想得到聊天對象的關注，只有先讓對方感到好奇。

生活中，很多人聽慣了同樣的話，也說慣了同樣的話，因此如果出現一個新鮮的表達方式，或者一個出乎他意料的話題，那往往能夠獲得更高的關注。所以，用出其不意的談話內容，讓對方產生好奇心，是一個很好的聊天方法。

要想故弄玄虛，就要與眾不同，如果談話時表達出新意，那麼就會很容易吊足對方的胃口。比如你想要表達一個觀點，那麼可以從一件事情的結局開始說起，這樣比平鋪直敘地說明自己的意圖要有趣得多。

雖然就業形勢十分嚴峻，但小鄭在還沒有畢業時，就與一家國際大公司簽署了入職合約，這令不少同學羨慕不已。在學校的畢業典禮上，小鄭被評為了優秀畢業生，老師和同學們都提議，讓他談談自己的成功經驗。小鄭拿起麥克風，說道：「其實，我和大家都一樣，也沒有什麼祕訣，我能夠成功，主要是我有一個毛病！」見大家都面面相覷，滿臉疑惑，他繼續說道：「我一直以來，就奉行『好高騖遠』這個理念。」

「什麼？『好高騖遠』？」大家不解地問。

「嗯，『好高騖遠』，好高，就是眼光要高，要著眼長遠，關注大局。我剛進入這所大學，就分析了當前的社會形勢，我覺得未來的發展，必將向數位化和電子商務發展，於是，我在學習中，就有意識地關注這方面的資訊。我所發表的那幾篇論文，都是關於數位資訊方面的研究的。『騖遠』，就是要從自己

第二章　見面三分情，養成讓自己處處受歡迎的溝通習慣

的理想出發，從最低處出發，才能走得更遠，要想走得更遠就要腳踏實地做好每一個細節，才能夠給自己的發展打下堅實的基礎。」

話音剛落，臺下響起了熱烈的掌聲。小鄭的一番話，讓同學們不僅明白了他成功的真諦，也被他的口才所折服。

小鄭的一番話妙趣橫生。談成功的經驗時，一般人都會說這是源於自己的勤奮、刻苦等因素，但那樣難免老生常談，落入俗套，不痛不癢。小鄭的「好高騖遠」，大大吸引住聽眾的注意力，接著，他結合自己的經歷，闡釋「好高騖遠」的真實意義，不僅道理深刻，而且簡練精闢，極富新意，令人回味。

聊天時故弄玄虛其實就是在製造某種氣氛，會使內容引人入勝，波瀾起伏，讓聽眾產生急切期待的心理和極為關注的感情，得到良好的效果。

任何事物都有正與反、肯定與否定兩個方面。人們在日常生活中往往只承認一個方面而忽視另一方面，如果我們抓住「這另一方面」大做文章，就會使人感到突兀的同時體會到主題的新穎別緻。

聊天時反常行為開頭，引人發思，進而產生疑問，當對方陷入了思考之中，圍繞自己的意圖一步一步地解開謎底，一層一層地解除懸念，慢慢地完成，直到結尾時才讓人恍然大悟。這樣，既符合對方的獵奇心理，又可以使自己的思想深入人心。

察言觀色透視人心，共同點瞬間拉近距離

　　如何在與陌生人溝通的時候迅速開啟話匣子，搶占在對方心中的位置？這一點對於與人溝通來說尤為重要。

　　與人溝通的時候，如果自己在對方的心目中是一個特別的人，那麼溝通起來就會十分順暢。那麼面對陌生人如何做到這一點呢？答案就是尋找共同點。

　　我們看到，在交際當中有一句經典的口頭禪：「我好像在哪裡見過你？」這句話是非常具有「殺傷力」的溝通語言，一下子就拉近彼此的距離，產生一種「心有靈犀」的感覺。

　　尋找到共同點可以讓彼此一見如故、相見恨晚，而找不到共同點，又能導致雙方尷尬得四目相對、局促無言。人們在社會交往過程中，常常會因為存在某些共同點而使感情拉近。因而，在結識新朋友時，人們往往會絞盡腦汁地尋找與對方的共同點。

　　春秋時有個叫伯牙的人，學習琴藝三年，成了當地有名氣的琴師。但是他常常感到苦惱，因為在藝術上還達不到更高的境界。他的老師帶他乘船到東海的蓬萊島上，讓他感受音樂的情感。他抬頭望大海，大海波濤洶湧，回首望島內，山林一片寂靜，只有小鳥在啼鳴，像在唱憂傷的歌。

　　伯牙不禁觸景生情，有感而發，取琴彈奏，音隨意轉，把大

第二章　見面三分情，養成讓自己處處受歡迎的溝通習慣

自然的美妙融進了琴聲，曲中充滿了憂傷之情。伯牙身處孤島，整日與海為伴，與樹林飛鳥為伍，感情很自然地發生了變化，真正領悟到了藝術的本質，創作出了真正的傳世之作。後來，伯牙成了一代傑出的琴師，但真正能聽懂他的曲子的人卻不多，為此他感到十分孤獨和寂寞，苦惱無比。

一夜，伯牙乘船沿江遊覽。船行到一座高山旁時，突然下起了大雨，船停在山邊避雨。伯牙耳聽淅瀝的雨聲，眼望雨打江面的生動景象，他思緒萬千，琴興大發。伯牙正彈到興頭上，突然感到琴弦上有異樣的顫抖，抬頭見一樵夫站在岸邊，便請樵夫上船。

當伯牙彈起讚美高山的曲調，樵夫道：「雄偉而莊重，好像高聳入雲的泰山一樣！」當他彈奏表現奔騰澎湃的波濤時，樵夫又說：「寬廣浩蕩，好像看見滾滾的流水，無邊的大海一般！」

伯牙激動地說：「我終於找到知音了。」這樵夫就是鍾子期。後來子期早亡，伯牙知悉後，在鍾子期的墳前撫了平生最後一支曲子，然後盡斷琴弦，終生不再撫琴。

伯牙與子期的故事流傳千古，高山流水的美妙樂曲至今還縈繞在人們的心底。正是因為伯牙與子期之間有共同點，他們才視彼此為知音。如果我們在人際往來中能夠找到雙方的共同點，那麼我們很有可能獲得的不是一種利益關係而是一位志同道合的朋友。

當然，生活中也會遇到一些特殊的情況，我們想結交認識

察言觀色透視人心，共同點瞬間拉近距離

一些人，卻發現彼此之間並沒有共同點，那我們就需要透過模仿對方，來刻意創造共同點。

劉美君每次推銷跑業務都會花很長時間對顧客的資料背景進行研究。有一次她跑業務時了解到，下午3點，一位準顧客會去某髮廊中心做頭髮，於是她就穿了跟顧客一模一樣的外套先跑到髮廊，開始做頭髮。髮型做了一半，顧客來到店裡看到掛在外面的外套，問這件外套是誰的，怎麼跟她的衣服一模一樣。

於是劉美君也裝著很好奇的樣子看著對方說：「是我的。」對方自然很好奇地看著她，兩個人打完招呼就開始聊天。做完頭髮，她們兩個人去游泳，到了更衣室劉美君把泳衣穿上，顧客一看嚇一跳，說：你怎麼連穿的泳衣都跟我的一模一樣？劉美君說：「真是太巧了！我們太有緣了！」於是她們就約了一起吃飯。

到了餐廳，劉美君開始點菜，顧客一看說：「妳點的菜怎麼都是我喜歡吃的？」劉美君說：「我不知道妳喜歡吃這些，這些純粹是我個人喜歡吃的，真巧呀。」顧客一聽：「怎麼這麼巧？妳到底是做什麼的？」

劉美君說：「我在保險公司做業務。」顧客一聽，說道：「我正要買保險呢。認識妳太有意思了！」結果，劉美君還沒推銷，對方已經迫不及待地要簽約了。

這就是創造共同點的神奇效果。在我們與他人交往時，如果發現有誰和自己有相同的興趣愛好或是其他相同的一些特徵，我們內心肯定會感到歡喜——因為每個人都喜歡自己！

第二章　見面三分情，養成讓自己處處受歡迎的溝通習慣

尋找共同點是陌生溝通中的黃金法則。只要學會察言觀色，從對方的喜好去交流，那麼交談就成功了一半。接下來可以挖掘更深層的共同點，讓對方感覺到如獲知音。當對方感受到「心有靈犀一點通」時，還有什麼事情是談不成的呢？

有效的安慰與假共情

在與人聊天的時候，有一種特殊的開場，那就是當面對一個正處於情緒低落、感情受挫、事業失敗等境況的人時，你要嘗試對他做一些安慰。但安慰的話如何說出口呢？怎樣說出口才讓人覺得不是在可憐他、嘲笑他呢？這就需要很大的技巧了。

星期一，你打算去向主管彙報你的工作，但當你進入辦公室，你聽到的第一句話並不是有關於工作的，而是他對你的一句傾訴。

「你知道嗎？昨天我最喜歡的巴哥犬死了，牠和我們在一起差不多有 6 年了，我真的很悲傷。」此時，你應該如何應對呢？即便你只是他的員工，即便他的遭遇與你一點關係也沒有，你總不能說「哦，我感到很抱歉，但是這和我無關，讓我們來討論一下關於我的工作的事情吧！」這樣未免太不近人情了。

於是，你便想對他進行安慰，但此時，你應該怎麼說呢？

有效的安慰與假共情

「今天真倒楣,我的錢包被人偷了。」

「唉,只要人沒事就好。再說了,反正你錢包裡也沒多少錢,小偷看了都要哭一場。」

如果你像這樣安慰他人的話,那麼你得到的必將是他人的厭惡。由此可見,安慰人的話語並不能隨意地脫口而出,否則是很難產生你想要的效果的。

作家南絲・格爾馬丁（Nance Guilmartin）寫過一本名為《療傷的對話》（*Healing Conversations*）的書,她想用這本書傳遞給讀者一些幫助困境中的人的方法。在這本書中,南希記載了這樣一個真實的故事：

有一天午餐時間,全工作室的 8 個人坐在桌子前,輪流說自己那些不向人求助就無法完成的事。南絲・格爾馬丁認為,透過這樣向他人展示自己的困難,可以最大限度地得到旁人的關注,從而解決問題。

可是,南絲・格爾馬丁的話音剛落,同事當中就有個平常說話很溫柔的電腦工程師布萊恩大聲問道：「妳的意思是,妳要告訴別人和一個姐姐剛被人殺害的孩子說些什麼嗎？」布萊恩的話剛說完,大家全都停止了用餐。

大家認識布萊恩已經很久了,但沒有人知道,當布萊恩還是個小男孩時,他的姐姐慘遭殺害。布萊恩沒有告訴大家具體的細節──其實細節並不重要,但他卻說出了一件令南絲・格爾馬丁永遠也忘不了的事。他的聲音帶著沉積已久的憤怒,臉

第二章　見面三分情，養成讓自己處處受歡迎的溝通習慣

上則顯露出未曾消去的傷害。他用受傷的語氣問南絲・格爾馬丁：「妳認為大家能從中學到什麼？」

「當有人難過時，該說什麼或是不能說什麼……」南絲・格爾馬丁試圖向他解釋，但她的話還沒有說完，布萊恩就插嘴道：「妳的意思是，假如妳有親人死了，妳希望別人不要同情妳，是嗎？」

布萊恩為南絲・格爾馬丁上了重要的一課。南絲・格爾馬丁說：「當你沮喪時，不管年紀多大，要是有很多人在你身邊說他們有多難過，可能只會令你覺得自己很可憐。也就是說，你想透過表述自己更悲慘的命運來安慰他人，幫助他人解決問題，只會讓他人感到更難過。」

或許有的讀者會產生同樣的疑惑，我們只是想安慰他人，只是想好意地幫助他人走出自己的心理陰影，並沒有打算傷害到他們，為什麼我們說的和做的反而讓對方傷害更深呢？事實上，並不是你說的每一句安慰之語都能適用當事人，對於不同的事件、不同的人，你所安慰的方式和方法都是有一定限制的。

那麼，如何安慰他人才能夠獲得有效的效果呢？在這裡提醒讀者，在安慰他人的時候，最好遵循以下四條原則：

■ 第一，透澈地聆聽。

安慰人的時候，先聽聽聊天對象是怎麼說的。當然，傾聽不是簡單的沉默，而是仔細聽聽對方說了什麼、沒說什麼，以及真正的含意。

在聽他說的過程中，要完全拋開自己的想法，將自己的想法意圖全部擱置一邊，用真誠的態度全心全意投入，無條件提供幫助。這樣，被安慰者才會對你產生信任，感覺溫暖。而且談話的過程中，盡量不要插話，要讓他將情緒全都宣洩出來。

■ 第二，轉移聊天注意力。

通常，人遭遇到挫折，可能會採用壓抑的方式讓自己慢慢消化。可是，如果挫折感被積壓得太久，從心理健康角度來講，反而會產生更嚴重的疾病。因此，面對這種朋友，你可以透過轉移他的注意力來開啟話題。例如從他喜歡做的事情下手，如果他喜歡唱歌，那麼你可以陪著他去唱歌宣洩；如果他喜歡看書，那麼文字也可以幫助他轉移注意力。

■ 第三，注意安慰的語氣。

在與朋友的對話當中，我們還必須時刻提醒自己，一定要放慢不自覺產生的慣性反應。例如，為了盡快地解決對方的困境，便直接跳到採取行動的階段——說些或做些我們認為對對方有益的事。這樣做的後果是，往往我們會因為一時衝動而做出更多後悔的事。因此，在說話期間，我們一定必須要注意語氣的停頓，這樣我們才能適時調節自己做出更好的反應。

■ 第四，合理使用同情心。

也許在對方身上所發生的一切，我們曾經也遭遇過。但是，即便如此，因為每個人理解事情的程度不同，我們無法百分之

第二章 見面三分情，養成讓自己處處受歡迎的溝通習慣

百了解別人的感受，所以我們一定要合理地使用同情心去關懷對方。切記需先耐心聽完別人的故事，再考慮有沒有必要分享自己的故事，而分享的結果是否對對方有益。

在與人聊天過程中，傾聽他的傾訴，幫助他擺脫困境，這不僅僅是一種禮貌，更是顯示一種人格魅力。在安慰他人的時候，讀者要注意方式方法，採取正確的、得體的方式去安慰他人，這會對他們產生真正的幫助，反之，則會給彼此都帶來不快。因此，對於安慰他人的話，你還是要想一想再說出口的。

實在找不到話題，直截了當也是好選擇

我們在前文中不停地強調聊天時說好開場白的技巧，就是要盡量讓開場白顯得別緻一些，多用一些心思變換方式。然而有的時候，讀者可能會發現自己實在找不到開場的話題，在這種情況下，直截了當其實也是一個很好的選擇。

在和人正常聊天的時候，如果是無法發現對方的感興趣的點，無法找到共同話題，那麼把自己想說的毫無保留地說出來，有時候反而可能會讓人覺得真誠。

有兩個業務同時面對一個潛在的大客戶，其中一個業務用巧妙的辦法接近了客戶。他和客戶東拉西扯了好一陣子，雙方

聊得很愉快,然而,當業務在言語中流露出希望客戶能夠幫個忙和他簽約的時候,客戶則選擇對他敬而遠之了,因為客戶覺得此人過於虛偽,心裡升起了一種被人算計的感覺,所以連合約的內容都沒看就把對方請出了辦公室。

另一個業務也找到了客戶,他沒有拐彎抹角,而是直截了當地對客戶說自己需要他的幫助,而且如果雙方能夠合作,對客戶也是有利的。因為他的直截了當,客戶反倒沒有任何不快,出於對對方的尊重,他還用心考慮了一下對方提出的條件,發現對自己確實有利,於是最終在合約上簽下了自己的名字。

有些人無法拿捏開場白的分寸技巧,所以會讓事先準備好的開場話語顯得多餘,這便是第一個業務犯的錯誤。技巧運用熟練,分寸掌握準確,這樣設計出來的開場白自然能夠達到你想要的效果,但如果這種技巧運用得並不熟練,你自己心裡也沒把握,那麼直奔主題的聊天也不失為一種選擇。

有一些場合,你需要的開場白不是旁敲側擊,而是能夠直通到別人的內心的話,而直通人內心的最好方式就包括了直截了當的態度。語言的魅力源於真誠,你如果能夠用直截了當的言語表述出自己的真誠,並讓人感受到,那麼也能夠換來彼此的心靈相通,讓對方對你產生好感。

也許,直截了當的語言不夠精彩,然而有的時候,正是因為它的樸實無華,才最能夠打動人心。直截了當地說,即使是

第二章　見面三分情，養成讓自己處處受歡迎的溝通習慣

短短的幾句話，也能夠引起聽者的強烈共鳴。

而且我們要知道，話語是我們傳遞資訊的工具，那麼如何能夠讓消息更加準確地傳遞到對方的耳中呢？那就莫過於直截了當的說話方式了。一個人說話總是拐彎抹角，那就難免不會讓人曲解其意圖，而如果能夠直截了當地把自己想表達的資訊傳遞給對方，那麼無論是對於自己還是對於對方都是十分便利的。

有一名電視臺記者和節目主持人，他主持過多次重要活動，也和很多金融界名人進行過面對面的對話，下面是早些年在某項活動上他一位企業總裁的一段對話，從中我們可以看出他那直截了當的交流風格。

主持人：「剛才兩分鐘的時間，您闡述了自己的夢想，您的夢想真的這麼簡單嗎？」

總裁：「一開始是這樣，夢想永遠是越做越大、越做越現實，當然也有人越做越瘋狂。」

主持人：「今年您的公司拿到了上千萬美金的投資，可以說是至今業界拿到的最高投資金額，但是您拿到以後好像不像我們想像中的那麼高興，那麼興高采烈？」

總裁：「這個世界，商人賺錢是最容易的事情，影響這個社會是最難的，我們還有很多路要走。」

主持人：「總裁先生，成功經營這間公司讓您付出的最大代價是什麼？」

總裁:「其實我覺得沒有付出很多代價,我反而得到很多經歷和挫折。」

主持人:「而且您也得到了一個和您志同道合的團隊,是嗎?在今天我們會用一種特殊的方式認識你的團隊,這是我們拿到的一張您公司的照片。他們在做什麼呢?是在工作嗎?」

總裁:「是的。」

主持人:「據說您公司有這樣一個規矩,如果不會做瑜伽的話,你就沒有資格來我們公司工作,此話當真?」總裁:「我們有這樣的規定,所有的員工都必須學會做瑜伽。疫情時期我們全公司被隔離,因為都在家裡沒有地方運動,所以瑜伽是最好的運動。另外我認為很多不可能的事情,在用不同視角時看世界時可以變成可能的,我們用不同的視角看世界。」

主持人:「今天很殘酷,明天更殘酷,後天很美好,以您的眼光看,此刻的公司,它在時間的座標上是什麼位置?」

總裁:「還是一個嬰兒,還有近百年年要走。」主持人:「在漫長的未來怎樣成就自己的夢想?」總裁:「要成為最偉大的公司,不是只有我,是幾代人要做的事。」

主持人:「我相信每個人都有夢想的權利,但是只有堅持和努力才會讓你贏得夢想成真的那一天。總裁先生,謝謝!」

從主持人的問題中我們可以看到,他幾乎沒有一句廢話,句句話都直接切中主題,這樣一來不僅讓自己得到了想要的答案,也讓受訪者能夠更完整地回答。我們想,相比於一些娛樂

069

| 第二章　見面三分情，養成讓自己處處受歡迎的溝通習慣

節目主持人在問話前總要轉兩句酸言，或者先誇耀對方一番，以至於弄得對方都不知道真正的問題是什麼，這名主持人這樣的說話模式是否更有效率呢？

第三章
應酬如何開場才能打動人心

第三章　應酬如何開場才能打動人心

用讚美贏得微笑和友善

　　日常生活中，許多讀者應該都遇到過這種情況：你花了500元買了一件衣服，當你把它穿出去給朋友看的時候，朋友一句「這衣服至少要800塊！」會讓你高興半天，但如果有朋友說一句「這衣服上禮拜我在某賣場見過，打完折才150元！」，你肯定會感到不快，進而對這個朋友心生不滿。

　　它反映的是人內心一種被認可、被欣賞的渴望，而如何利用這種渴望，正是我們在這裡要討論的事。

　　有的時候，一些話只是裝飾用的場面話，但如果對其進行包裝，便能夠讓你在交往中左右逢源，得到自己想要的利益。

　　清朝康熙初年，剛剛平定了鰲拜及其黨羽的康熙有志於裁撤三藩，他就此事詢問了兵部尚書明珠。

　　皇帝問話不能不回答，但明珠又不想表達自己的立場，於是說道：「聖上天資聰穎，高瞻遠矚，見事比臣子們高上百倍。奴才想來想去，撤藩有撤的好處，不撤也有不撤的好處，心中好生委決不下，接連幾天睡不著覺。後來忽然想到一件事，登時放心，昨晚就睡得著了。原來奴才心想，皇上思慮周詳，算無遺策，滿朝奴才們所想到的事情，早已一一都在皇上的意料之中。奴才們想到的計策，再高也高不過皇上的指點。奴才只需聽皇上的預咐咐辦事，皇上怎麼說，奴才們就死心塌地、勇

往直前地去辦，最後定然大吉大利，萬事如意。」

聽了這話，康熙心中大悅，但仍然一本正經地說道：「我是叫你想主意，可不是來聽你說歌功頌德的話的。」

明珠磕頭道：「聖上明鑑，奴才這不是歌功頌德，的的確確是實事求是。自從兵部得知三藩有不穩的消息，奴才日夜擔心，思索如何應付，萬一要用兵，又如何調兵遣將，方有必勝之道，總是要讓主子不操半點心才是。可是想來想去，實在主子太聖明，而奴才們太無用，我們苦思焦慮而得的方策，萬萬不及皇上隨隨便便地出個主意。聖天子是天上紫微星下凡，自然不是奴才這種凡夫俗子能及得上的。因此奴才心想，只要皇上吩咐下來，就必定是好的。就算奴才們一時不明白，只要用心去做，到後來終會恍然大悟的。」明珠的這一番話說得康熙大喜，更加堅定了自己的想法。

明珠巧舌如簧，論點明確、結尾有力，「有理有據」地證明了康熙的英明，這自然引得康熙滿心歡喜。

人人都自認英明，但自認的英明沒有意思，如果有別人說他英明，他當然會高興，如果別人又論證了他是如何英明的，那他更是會心花怒放，進而對說話的人另眼相看。

所以在生活中，讀者要學會投其所好地說好這些場面話。有好多人在公開場合常常不好意思說、不敢說，其實只要你能夠真誠表達出自己觀點，這些場面話是絕沒有壞處的。

第三章　應酬如何開場才能打動人心

　　週末，公司的人聚在一起喝酒。李大海是公司的經理，但是他手下的人對他有所不滿，說他從來不會鼓勵員工，他察覺後就點了一隻烤鴨。酒過三巡，菜過五味，烤鴨上桌。服務人員認識李大海，在往餐桌上放菜時很識相地把鴨頭對準他。不待大夥提議，李大海就豪爽地連喝了三杯酒。接著放下酒杯，開始分配盤中的烤鴨。

　　李大海用筷子非常嫻熟地把鴨頭拿下來，給他的祕書，他說這叫俯首稱臣，希望今後可以讓祕書當自己的指引。祕書面帶微笑，感動地說謝謝李經理，我一定不辜負您的期望，全力支持您的工作。李大海把鴨翅膀拆下來，夾給了財務，說這叫展翅高飛，你是我們公司的領頭羊，這個自然歸你。財務受寵若驚，說謝謝經理。他把鴨腿給了辦公室主任，說這叫委以重任。辦公室主任感激涕零。李大海把鴨心給了市場部主任，說這叫推心置腹。市場部主任點頭哈腰，說謝謝經理。他把鴨胸給了行政部主任，說這叫胸有成竹，你是我們公司最傑出的菁英，絕對會步步高昇的。行政部主任滿臉笑顏，說還望經理多多栽培。到最後，盤子裡只剩下了一堆鴨骨頭。李大海苦笑著搖搖頭，嘆了一口氣，說這個爛攤子還得由我收拾，誰叫我是經理呢？結果所有人都被李大海的這番話逗笑了，大家不得不佩服李大海的智慧與口才，都心悅誠服地跟著他幹。

　　李大海用一隻鴨展現了自己說話的智慧，他雖然貴為公司大主管，但也要對下屬說些好話，這就意味著，場面話實在是人際關係中必不可少的。

當然，說好話不是單單指說好聽的話，而是指把話說好。說好話要得體，要讓你自己說出的話和說話周圍的環境、自己的角色相吻合，而不能不顧環境、不分場合，說過頭的話、過分的話。

好話還要說得準確，要符合對方的身分與喜好，不能過於奉承與諂媚。當然，如果好話裡帶有自己獨到的見解與深刻的思想，那就更容易得到對方的賞識與佩服。

貨往貴的說，人往年輕講，說到底是根據人們常見的心態，使用一些讚美他人的技巧，在場面話中加一些具有「殺傷力」的好話。這個方法非常簡單，但又是非常實用的，經常恰當地使用它，一定會為你人際關係的融洽助力不少。

讀懂人心，順水推舟

生活在這個世界，語言占據著萬分重要的地位。古往今來，太多人憑藉著三寸不爛之舌順利地扭轉局勢，逢凶化吉，「口才」實在是你我人生中非常有用的一把利器，運用好了，往往會讓我們的人生道路越走越順暢。想要練就好口才，不妨先試著去讀懂人心。

每個人都希望自己能夠擁有洞察人心的能力，希望自己能夠

第三章　應酬如何開場才能打動人心

輕易讀懂人心，參透為人處世的真理，從而得到他人的賞識。我們渴望讀懂他人，同時渴望被人理解。當我們一眼看穿了對方內心的時候，我們便能投其所好，順水推舟；當我們的心聲被對方聆聽的時候，我們亦會大感欣慰，暖心不已。

那麼，如何才能讀懂人心呢？

事實上，每個人的肢體語言和一些細微的生活習慣，都能透露出一個人內心的祕密。只要你善於觀察，善於分析，便能從對方的動作、表情及不經意的話語中找到某些線索，從而成功地「解剖」對方的心理，輕鬆地看透一個人的內心。

將對方的想法牢牢掌握在手中的你，自然能夠順水推舟，恰到好處地說出一些投其所好的「美言美語」，做出讓對方感到貼心的舉動，贏得對方的信任及好感。在人際往來中無往不利的你，自然能夠擁有越來越融洽的人際關係圈。

西漢酈食其自稱為高陽酒徒。當時的他已過六十，但卻老當益壯，不亞於任何一個彪悍果敢的年輕人。沛公劉邦領著大軍向西進攻的時候，曾經經過高陽。酈食其當時是負責看守城門的小吏，他見到劉邦大軍浩浩蕩蕩的陣勢，不僅不害怕，反而自告奮勇，道：「沛公是有德之人，我若前去求見，加以遊說，必能打動其心。」

酈食其果真前去遊說劉邦。他勇氣過人，孤傲不馴，不太注重禮節。他進門觀見劉邦，只隨意地拱手做了個長揖，沒有傾身下拜。而對面的劉邦正坐在床上洗腳，兩名女子正在旁邊伺

候,他抬頭看了酈食其一眼,靜觀其變。

酈食其說道:「沛公此行,是想幫助秦國攻打眾諸侯呢,還是想成為諸侯之王,帶領他們滅掉秦國?」

劉邦冷笑一聲,厲聲道:「你還真是個奴才相儒生!我此行自然是要幫助諸侯消滅殘忍暴虐的秦王!暴秦無道,大家受苦已久,所以眾諸侯才紛紛起兵抗秦,你卻本末倒置,說我是想幫助秦國攻打諸侯,真是豈有此理!」酈食其瞥了一眼正為劉邦洗腳的兩名侍女,不慌不忙道:「如果您真是要下決心聚合民眾,召集義兵來推翻秦朝統治,為何用這種傲慢之態來接見長者?」

劉邦聞言,猛然意識到自己行徑不妥,又聽酈食其話裡有話,似乎另有所指,便立刻穿戴整齊,將酈食其迎為上賓,並恭敬地向其道歉。

酈食其這才侃侃而談,說起了六國合縱連橫的一些精妙謀略,劉邦喜出望外,知道是遇到了有才之人。之後,酈食其果然為劉邦的西進事業出了很多有用的主意,得到了劉邦特賜的「廣野君」的稱號。

酈食其一開始不過是個看守城門的小吏,只因抓住了這次遊說的機會,得到了劉邦的重視,這才得以施展才華青史留名。而酈食其抓住機會的關鍵在於他讀懂了劉邦的心聲,正因他深知劉邦有滅掉秦國的野心,所以才直言不諱,順水推舟,引出了自己的意圖。

第三章　應酬如何開場才能打動人心

在與人往來的時候，如果暫時不確定對方的心思，可以先試探一下，先仔細傾聽對方的回答，讓心裡有個準備。

當對方的答案與自己的不謀而合的時候，便可以說出自己的觀點與計畫，這樣才會有事半功倍的效果。很多人性格急躁直接，往往不顧當時的情況，也不注重表達的技巧，只顧急匆匆地亂丟觀點一番轟炸，強迫對方一定要認同自己的想法。

而這種沉不住氣的做法不但不能成功說服他人，反而會引起對方的猜忌與反感，這時候若想再進一步達成一致就會變得難上加難。

還有一種情況我們也不能忽略，簡單來說，就是要照顧到對方的面子和虛榮心。

在交際場上，每個人都希望自己能夠獲得重視，讓「面子」增添光彩。掌握了這種心態，我們就知道該如何投其所好，達到正中下懷的效果。

如果對方想用誇大自己的成績來引起其他人的關注，那麼這個時候順水推舟的場面話就變得尤為合適，這時的讚美會讓對方感謝你的一臂之力，對方還會認為你是一個識時務的人，因為場面上的錦上添花會更容易滿足人的虛榮心。

而在平時的交際中讀懂人心還能達到另一層的境界，那就是挖掘出對方心裡柔軟的記憶，讀懂對方深刻的感情。這是讀懂人心最難的地方。我們常說物以類聚，人以群分，每一代人

都會有他們獨特的記憶與情愫，如果在交寄中我們接觸的是一批具有共同點的人，那麼利用這些共同點去觸及其埋藏在心底的回憶就變成了順理成章的事。

1962年，麥克阿瑟（Douglas MacArthur）回到了母校——西點軍校，此時的他已經是個兩鬢斑白的垂垂老者。在授勳儀式上，他發表了一場感人至深的演講，而演講的第一段就成功地抓住了臺下所有觀眾的心，讓他們產生了深深的共鳴。這場演講之所以能夠取得這麼好的效果，在於麥克亞瑟成功地讀懂了人心。

他說：「今天早上，我一走出旅館，看門人就問我：『將軍，你今天要去哪裡？』我笑著回答他：『哦，我要去西點軍校。』一聽我講到西點，這傢伙興奮起來了：『那可是個好地方！您從前去過嗎？』」

麥克亞瑟以看門人的極為簡單的問題開始了自己的演講，是因為他深深知道，這場上的所有的人都對西點軍校懷著極其深厚的感情，而看門人的話正點出了西點軍校在人們心中非同尋常的地位，他看穿了聽眾的心，所以才能夠成功喚起聽眾強烈的自豪感，也順理成章地表達了自己深深的眷戀之情。可以說，麥克亞瑟的這場演講是十分成功的，水到渠成，自然合宜，成為世界演講史上的經典案例。

讀懂人心，才能打動人心。我們每個人都習慣了全副武裝把自己打造成強者，而在茫茫人海中匆匆走過的時候，偶然聽到

第三章　應酬如何開場才能打動人心

的一句歌詞或者一句話，卻會在心中蕩起漣漪。掌握了這個想法，在交往的過程中我們才能透過對方的談吐、舉止、眼神，順利判斷出對方的修養與學識，弄懂哪些話該說，哪些話不該說。

但要注意的是，即便是學會了讀懂人心，學會了順水推舟，也要看場合適不適合，不要搞不清楚情況，突然插進一句不合時宜的話。說話前後不銜接或者太突兀都會讓人感覺虛偽與可笑，就算給足了別人面子，對方也不會領情。

清除溝通絆腳石的開場技巧

生活在這個競爭越來越激烈的社會中，我們幾乎每天都要面臨很多壓力與挑戰，有的人能夠頂住壓力，泰山崩於前也能繼續談笑風生，在各種人際關係中左右逢源，遊刃有餘；有的人卻逐漸被壓力擊垮，不願意面對各種複雜的人情往來，甚至想逃離這個群居世界。

有的人擅長交際，堪稱八面玲瓏，特別靈活善變；有的人一到了公開場合就語言匱乏、表情木訥，尷尬到極點；有的人死板不懂變通，極其看不起場面話。

不同的人生態度，不同的處事方法，不同的交際手段，造就

了不同的人生。

事實上，口才對我們的人生有著極其重要的作用；重視場面話，甚至能夠為我們成功搬走絆腳石。極善交際的人必然深懂場面話的重要意義；對於性格木訥的人來說，想要改變自己，可以先從場面話開始；而對於排斥場面話的人來說，不妨嘗試著改變態度，換一種角度去看待場面話，由此能收穫很多很有用的道理。

首先，我們要了解的是，場面話並不都是拍馬屁，並不都是虛偽之詞，它也可以是很真誠的。

場面話大多為讚美和恭維，而這些讚美和恭維之言如果發自內心，那代表了一種善意。如果對方今天真的氣色很好，不妨老實地讚揚一句：「您今天氣色太好了，肯定是人逢喜事精神爽！」如果對方真的足夠優秀，不妨誠懇地稱讚一句：「您真是太棒了，簡直是我的榜樣！」於人於己，都是一件很開心的事情。

何況，在一些特定的場合，場面話是拉近彼此關係的重要手段。千萬不要看不起那些左右逢源、擅長交際的人，他們之所以能夠在交際場合遊刃有餘，那是因為他們深諳用場面話搬走絆腳石的技巧。

擅長說場面話的人並不意味著高調張揚，他們中的很多人其實很懂得收斂鋒芒，低調謙虛，他們能在任何的場合既恭維了別人，同時又表現出自己的能力，從不會招來別人的忌妒。

第三章　應酬如何開場才能打動人心

有時候，高明的場面話能夠緩和氣氛、提前熱場。

李夢陽，明朝中期的文學家，在一地督學時擔任主考官。一個偶然的機會他發現有個考生與他同名同姓，感到很有趣，在叫考生的名字時，他有意調侃道：「這位考生你與本官同名，真是太巧了，本官理當照顧。這樣吧，我出一聯讓你來對，你若能應對如流，就算中舉了。

倘若你不能回答，那還是先回老家再讀三年書，下屆鄉試再來吧。」考生一聽，自己的名字居然與督學一模一樣，這可以說是犯了忌諱。他心裡一急，本想道歉，轉念一想這種事情在所難免，且又沒辦法改名，只好低聲答道：「小生的名字乃家嚴所取，不敢擅改，還請大人見諒。」

李夢陽微微一笑，朗聲說道：「藺相如，司馬相如，名相如，實不相如。」

考生想了一會，朗聲對道：「魏無忌，長孫無忌，彼無忌，此亦無忌。」說著對著李夢陽一揖到地。

李夢陽出的上聯借用歷史人物，暗示考生，你我姓名雖一樣，但無論是資歷學識還是聲望家底，各方面你都不如我，而考生亦以歷史人物，巧妙地向李夢陽回敬道古人都不忌諱同名，你又何必跟我計較呢？

文化人的場面話處處充滿著機智與才學，李夢陽心裡其實是介意自己居然和一個名不見經傳的小考生同名，但是他沒有

清除溝通絆腳石的開場技巧

當場表現出來，反而用對聯這麼文雅的方式說了一番場面話，而考生也不甘示弱，亦用對仗工整、綿裡藏針的下聯表達了內心真實的想法。這樣一番你來我往的場面話，反而讓李夢陽放下了芥蒂，對考生刮目相看。

這個考生無疑是有智慧的，他成功地運用這種極其巧妙的場面話搬走了絆腳石。同樣的道理，在生活工作中，如果我們遇到了他人故意的刁難和挑釁，既想展現出自己的風度，又不想居於下風，便可以用巧妙的場面話解決這個問題。我們既要會說場面話，還要會聽懂場面話，只有弄清楚了對方真實的意圖，才能扭轉局勢，很好地解決事情。

小李在公司裡做了很久，卻一直也沒有得到升遷的機會，眼見到身邊的人一個個都獲得了很好的發展，他焦急不已。有一天，他鼓足勇氣去拜訪專門負責人事調動的李主管，向他表明了希望能調到別的部門的想法。李主管笑著對他說：「當然，當然，我肯定會幫你的！」

小李得到了李主管的保證，高高興興地回去了。可是一連幾個月過去了，李主管那邊一點消息都沒有。於是，他去問他的好朋友小劉，小劉告訴他，他想得到的那個職位已經被別人捷足先登了。

小李很氣憤：「李主管怎麼這樣啊！明明已經答應了我……」
小劉對他說：「依我看他說的只是場面話。你有求於他，他如果當面拒絕會讓你下不了臺，你尷尬他也不好意思，所以他只能

083

第三章　應酬如何開場才能打動人心

說場面話敷衍你,你如果當真豈不是太傻了嗎?」

小李依舊憤憤不平:「那我下次見到李主管,一定要好好跟他反映!」小劉拍拍他的肩膀:「你這個人啊,就是太不會說話了,不然以你的能力,早就升遷了!你也該學學場面話的技巧,不然總是吃虧!」小李若有所思。後來小李碰到了李主管,李主管一見他就主動跟他說「小李,你看上一次你拜託我的事情,我調解了很久都沒成功,最後也不好意思跟你說。」

小李笑了笑說:「主管您太客氣了,我有求於您,您還說對不起我,其實我也沒有信心只是想試試而已。我沒被選上不上是我的能力不夠,跟您沒關係,我也知道您費心了,只是沒空出時間去感謝您,我還覺得不好意思呢。」

李主管沒想到小李會這樣說,心裡對他有了好感,下一次升遷遴選時,小李順利地得到了自己想要的職位。

性格直接的小李在經歷了一次教訓後終於意識到了場面話的重要性,他嘗試著用場面話去奉承別人,沒想到竟取得奇效。可見,說場面話的能力是在每一次的歷練中學會的。在不同的場合都要學會看情勢,聽話要聽弦外之音,說話要說好聽話,不要不耐煩,更不要自作聰明,否則不但搬不走絆腳石,還有可能砸傷自己的腳。

每個人的經歷不同,成長不同,面對的人也不同,你不得不顧及他人與自己的感受。如果害怕鋒芒畢露會傷害別人,委曲求全又會貶低自己,不妨試試說一些得體的場面話。

所以,學會說場面話會讓彼此都能在一個合理的距離相處,這種相處模式會帶給彼此自由與智慧,遇氣不憤怒,有話好好說。場面話該說就說,面子該給就給,凡事講究適度才能夠使自己活得不糾結。

人情世故的客氣多多益善

一個人從單純走向成熟,必定要在人情世故中經歷摸索和磨練的階段,這才能練就為人處世時的精明謹慎,而高明又得體的場面話是必不可少的。

有些人覺得場面話意味著虛偽或奉承,它會讓自己很累;有些人嚮往簡單的相處模式,喜歡直接了當的對話過程,覺得這樣會讓自己活得更加瀟灑。

但是他們往往忽略了一點,那就是人情世故的場面話有時既是對別人的尊重,也是自身修養的表現,所以不論你是否願意,要想在交談的場合左右逢源,要想你的人生愈發順利,場面話就要多多益善。

高明的場面話會讓對方感受到你的關心和關注,會讓對方記住你的善意與尊重。一旦你察覺到,一句簡簡單單的讚美便會極大地滿足對方的自尊心;一句恰到好處的場面話會讓對方

第三章　應酬如何開場才能打動人心

收穫一天的好心情,那麼你又有什麼理由不去這麼做呢?而這也會讓對方對你產生莫大的好感。所以不要以為場面話沒有必要,在適當的場合,場面話會成為你人際交往中的「神助攻」。

從前有一個皇帝,一天晚上他做了一個很奇怪的夢,夢裡,他滿口的牙齒都掉光了,醒來後,這個皇帝煩躁不安,一連幾天都茶不思飯不想。皇帝將這件事情告訴了身邊的寵臣,命他派人尋找能夠解夢的高人。

後來,城裡十分有名的算命師聽到這個消息後,來到了宮廷聲稱自己能夠解夢。皇帝心急如焚地問道:「為什麼我會夢見自己滿口的牙齒都掉光了呢?這個夢是否有什麼不好的預兆?」

算命師掐指一算,皺著眉頭如實說道:「我的陛下,很遺憾你的猜測十分正確!這個夢的兆頭確實不太好,它預示著你的所有的親屬都會先您去世!您到最後會只剩下一個人⋯⋯」

「什麼?住口!」皇帝一聽,暴怒無比,他命人將這個算命師狠狠打了一頓,然後毫不客氣地將他趕出了宮。

另一個算命師聽說了這件事後,心裡一動,他準備了一番,也來到了皇宮。見到皇帝,這位算命師跪拜在地,高聲道:「我的陛下,恭喜您!你這個夢其實預示了個好兆頭!」

「是嗎?」皇帝一聽便有了興趣。

「是的!這個夢的意思是,您所有的親屬和您自己都會很長壽,但是您將會是您的家族中最長壽的一位!有您這樣的聖明

的君主能夠長期執政,為民謀利,真是百姓最大的幸運!」

皇帝聽了這句話後,龍顏大悅,立刻賞了他很多黃金。

同是所有親戚會比皇帝先過世的意思,因說話的方式有別,產生了兩種背離千里的結果。從這個故事中,我們可以看出,場面話不僅要說,而且要說對、說巧,否則是不會產生想像中的效果的。

想要利用場面話了解對方的現狀,抓住對方的心理,從而使對方對你產生好感,想要讓對方留下好印象,就要透過察言觀色的方式掌握對方的心態,這樣才能把場面話說得讓人歡喜、讓人信服。

高明的場面話會幫助我們獲得更好的人緣,很多時候,這並不算虛偽,也不是所謂的欺騙,而是一種生活的「必須」。場面話說得好不花錢不費精力,卻能人情換人情,未嘗不是一種智慧。場面話與虛情假意在本質上有所區別,它更需要真誠。在職場中,處處都離不開場面話,掌握了場面話的技巧,它就能幫助你生存扎根。

劉遠明是某公司新入職的員工,工作兩個月後,大老闆舉辦座談,並召集公司中階主管和新人們一起用晚餐。儘管主任再三告誡大家「要放開一點,不要太拘束,要讓老闆看到年輕人的活力和風采」,可是新人們都很緊張,端著酒杯不知道說什麼,氣氛尷尬極了。

劉遠明靈機一動,站起來,端著酒杯說:「張總,您可以說

087

第三章　應酬如何開場才能打動人心

是我的偶像！實不相瞞，當初就是因為您而想來公司應徵，還在上大學的時候，我就聽了太多有關您的傳奇事蹟，我一直夢想著能成為您這樣成功的創業者。今天，我很榮幸終於成了公司的一分子，我終於能夠近距離地向您學習，我敬您一杯！」

張總臉上是止不住的笑意：「哪裡哪裡，年輕人，你過獎了！」

就這樣，劉遠明成功地開啟了話匣子，氣氛也慢慢活躍起來。大家輪番向張總敬酒，張總有些不勝酒力，臉漲得通紅。劉遠明敏銳地觀察到了這一點，他機敏地說：「張總，相信在您的培養和指教下，我們這些新人一定能像齊天大聖孫悟空那樣學會職場七十二變，現在先讓我來變一變！」

話還沒說完，他就將張總面前的酒換成了一杯茶，及時說道：「我們這些新人，都非常想向您拜師學藝，來，我們這就向您敬茶！希望您能夠好好指導我們！」

一頓飯吃下來，張總對劉遠明刮目相看，新人們對劉遠明的表現都佩服不已。他在酒桌上的這番場面話，既恰到好處地恭維了張總，又細心、風趣地替張總解了圍；既突出了自己的口才，又處處以新人代表自居，避免為自己樹敵，還成功讓張總看到了自己的團隊意識，可謂是一舉多得，聰明極了。

劉遠明的大膽與極其突出的口才讓張總留下了特別好的印象。有些時候我們會像其他的新人一樣不敢說也不屑於說場面話，就是這種怕丟面子與小小的自尊會讓你錯過了很多自我表現的機會，所以場面話要敢說，也要會說。

高明的場面話讓人聽起來舒坦，不分場合的場面話卻讓人覺得聽了彆扭。這就好比，好話很重要，但是也要適度才好，表示敬慕的內容應因時因地而異，才能起到想要的效果。

　　在使用場面話和對方往來的時候，要注意表現出對別人的興趣，要讓對方感到你對他的關注，這樣能夠使他的自尊得到滿足，使他對你的信任感加強，你們雙方的交流自然也會變得更加順暢更加融洽。

　　人情世故的場面話不妨多多益善，每個人在社會上生存都不容易，如果場面話能讓我們獲得更多的機會，那麼你何樂而不為？

巧捧對方，才是高情商

　　我們如今都認可一個觀點：在人生中的很多時刻，情商顯得比智商重要得多，高情商的人在人際交往中更受歡迎。他們會為別人取得的成績衷心地鼓掌，也會熱情地讚揚他人做出的努力，而這些不吝讚美的場面話，讓他們備受歡迎。

　　低情商的人在一些場合往往木訥高傲，經常會不由自主地破壞了氣氛，在情緒上讓人感到不悅。這樣的人有的實在是自身性格太直爽，不懂得為人處世的技巧；有的卻有點自以為是，

第三章　應酬如何開場才能打動人心

只顧緊緊地抱著自己的那點小高傲。不管是哪種，都免不了招人厭煩。

在前文中，我們一再強調，場面話並不能與「諂媚奉承、拍馬屁」畫上等號，它是人與人之間一種必要的交流方式。要想建立良好的人際關係，要想使自己的工作得以順利完成，要想讓自己變成一個極受歡迎的人，就要嘗試著開啟高情商模式，運用高明的場面話去巧捧對方，既取悅了別人，也方便了自己。

合乎時宜的場面話可以幫助我們開啟話題，也可以幫助我們讓尷尬的氣氛緩和下來。想要在這個競爭激烈的社會上生存下來是很不容易的，而場面話卻會降低生存的壓力，因為它可以讓我們的人際關係更加融洽。

相傳有這樣的一個故事：有一天，乾隆皇帝為戲弄劉墉，便讓他去投湖，劉墉知道皇上是在為難他，腦袋一轉，想出了個主意。結果他在湖邊逛了一圈就回來了。

劉墉對乾隆說：「皇上聖明，臣原本奉了皇上的旨意，毅然投了湖，可是沒想到臣這一去碰上了一個人。」

乾隆很感興趣：「愛卿碰到的是誰？」劉墉不疾不徐地回答說：「臣碰到的是楚國的大夫屈原，屈原看見臣很生氣，怒斥臣說：『你怎麼也投河自盡了呢？我是碰到了昏君，不得已才以死明志，難道你也碰到了昏君了嗎？』」

乾隆臉上陰晴不定，剛想發作，劉墉及時說道：「我對屈大

夫說,『屈大夫,您錯了!我們的皇上可是萬世的明主啊!』可是屈大夫根本不聽臣的解釋,拂袖而去。臣轉念一想,臣死了不要緊,要是連累了皇上,讓您的聖明受損,那真是臣的罪過!於是臣又從水裡爬了出來……」

劉墉說著,突然「撲通」一聲跪倒在地:「皇上啊,臣這一去還以為再也見不著您了!」說到動情之處,乾隆也不再戲弄他,說:「可見愛卿到死還念著朕的名聲!」我們不得不佩服劉墉高超的情商和出色的說話技巧,憑著情商和口才他逃過了此劫。

在一些場合,場面話說得好不好與交談的氛圍有著直接的關聯,它考驗的其實是一個人的情商。每個人都希望得到他人的關注,而場面話就順理成章地成為表達關心最好的途徑,使用高明的場面話來讚美他人既不顯得虛偽,又能表現出自己對對方的關注,可謂一舉兩得。而在一些尷尬的場合,高明而巧妙的場面話還能夠幫助你解決一些難題。

高情商是可以練就的,場面話也並不完全是一個圈套,它自有它的技巧,這些都要求我們要做生活的有心人。與人交流的時候要懂得察言觀色,懂得讓對方做主角,這樣才能夠把場面話說到點子上。高情商的人說起場面話來會格外注重技巧,他們往往很注意對方的實際情況,將場面話說得分外動人。

剛進公司的時候,鄭偉豪就表現出了高於別人的「職場情商」。老實說,他的業務能力並不那麼優秀,但他為人開朗隨

第三章　應酬如何開場才能打動人心

和，口才極好，跟誰都能愉快地聊起天來，還能用一套又一套的場面話哄得對方極其開心。雖然知道鄭偉豪說的是客套話、恭維話，但大家還是很喜歡聽。

有一次，經理讓鄭偉豪針對公司的某款飲料產品進行詳細的市場調查，還要求他在一個月內出一份市調報告。鄭偉豪一聽經理的要求，立刻就慌了，他之前從沒做過產品市調，幾乎什麼都不懂，根本不知道該從哪裡下手。這時他想到辦公室裡的一位前輩，在市場調查方面頗有建樹。

第二天早晨，鄭偉豪很早就到了公司，幫前輩買好了早餐，恭恭敬敬地對前輩說：「您是我們公司市調能力最強的前輩，幾乎沒有人比得上您，您看經理給我下達的這個任務，沒有您的指點我根本沒辦法完成，希望您能為我指點迷津，提點一下我這個笨腦袋！」

鄭偉豪說得很誠懇，前輩聽得也很開心，他將過往的經驗一一傳授給了鄭偉豪，指導著他順利完成了任務。

鄭偉豪無疑是聰明的。他對於資歷比較老的員工態度謙卑有禮，還懂得適時示弱，讓對方有顯示才能的機會，充分地滿足了對方的虛榮心，這才是巧說場面話的高情商的表現。在現實生活中，我們經常會遇到一些自己不能解決的問題，暫時放低姿態用一些高明的場面話去尋求幫助，抬舉他人的同時也能夠幫助自己。

討好要恰到好處

在人際往來的過程中，兩個彼此陌生的人幾乎都要經歷寒暄的階段，用一些恭維性質的場面話來開啟話題，慢慢地與對方變得熟悉。可見，場面話是緩和人與人之間關係的潤滑劑，亦能夠拉近人與人之間的距離。

說場面話並不是一件很難的事情，但是要想把場面話說得自然、恰到好處卻是一門很深奧的學問。想要達到預期的效果，就要在合適的場合抓住機會把話說好、說透，讓對方對你產生好感與重視。

這就告訴我們，想要說好場面話，一定要把握好機會，不可以說得太早，也不可以說得太晚。時機未到之前，要沉得住氣，將氣氛醞釀到位了；時機一到，就要當機立斷，該說就說，千萬不可猶豫不決。

有智慧有才謀的人往往能夠掌握這個時機，他們雖然話不多，但詞句中肯而恰當，又能在最關鍵的時刻拋出，自然能夠收穫很好的效果。

這就引出了第二個需要注意的地方：除了時機，言談的內容也要恰到好處。既然是場面話，自然與褒揚讚美分不開。有的人誇起人來，矯揉造作又虛假生硬；有的人卻能將恭維話說得不落俗套，精采無比，讓對方欣然接受，備感欣慰。只有將

第三章　應酬如何開場才能打動人心

話說到了關鍵點上，才算是高明的場面話。

漢高祖劉邦一統中國後，想要封賞那些一直追隨在身邊的忠心耿耿的大臣們，他欣賞蕭何，認為他功勞最大，理應獲得重賞。大臣們得知了他的心意，卻在私底下議論說：「平陽侯曹參足足受了 12 次重傷，有好幾次都差點傷重身亡，論起戰功，他絲毫不輸蕭何，他才應該得到最多的封賞。」

劉邦聽了大臣們的議論，心裡有點介意，在他心中，蕭何的作用是任何人都無法比擬的，他得到這麼重的賞賜也是理所應當，可是劉邦同時又擔心自己的做法會讓其他功臣寒心。關內侯鄂君猜到了劉邦的想法，他知道劉邦偏心蕭何，力排眾議說：「我認為大家的想法並不公平，曹參的戰功不可否認，他的確為我軍攻克了很多座城池，但那只是一時的功勞，請問在座的哪一位不是戰功赫赫？哪一位又不曾身受重傷？蕭何卻不一樣，他對我們最後的勝利有著關鍵性的作用……」

劉邦聚精會神地聽著鄂君的話，群臣也安靜了下來。

鄂君繼續說道：「陛下與那反賊項羽角逐的這些年，多虧了蕭何調兵遣將、出謀劃策，這才避免了我軍更多的損失，我軍曾與楚軍在滎陽僵持了很多年，是蕭何轉運糧食補充關中所需，才解了軍隊之急！蕭何次次都能讓國家轉危為安，功勞可稱得上是萬世之功！所以，我主張蕭何排在第一位，而曹參其次。」

鄂君的一番場面話說得有理有據，句句恰到好處，又及時

無比,這才成功地為劉邦解了圍。劉邦的心願滿足後,立刻封賞關內侯鄂君為「安平侯」,封地超出原來的一倍。由此可見場面話的重要性,如果鄂君沒有及時拋出那一番場面話,他怎會得到這番回報?

尤其需要注意的是,我們在說場面話之前,一定要先考慮清楚,自己所說的話是否貼近現實狀況,是否太過「誇大不實」。一味地奉承迎合,不僅不會讓對方產生好感,還可能讓對方對你生起厭惡之心。在說的過程中,我們除了要察言觀色、見機行事外,還要注意自己與對方的關係,畢竟有些恭維話用在不同的人身上會起到不同的效果。

可見,在說場面話之前,還是先得理清邏輯,整理好要說的話,不能腦子一熱,想說什麼說什麼。

早上,林主任剛一走進辦公室,小吳就發現林主任的頭髮在陽光下顯得烏黑發亮。他存心想拍拍上司的馬屁,就讚美道:「哎呀,主任今天用了什麼法寶?頭髮黑亮黑亮的,人也特別有精神,跟以前差好多哦!簡直像換了個人似的。」林主任臉色一下白一下紅,有些尷尬,哈哈兩句就走了。看著林主任的背影走遠了,同事趙青小聲地對小吳說:「你難道沒看出來嗎?主任戴了假髮!」

下午,小吳到外面出公差,回到公司,看到一個很成熟的男人來到他們辦公室找行政王小姐。王小姐長得很漂亮,小吳一直對她印象不錯,想這個人年紀這麼大,肯定是她的父親,

第三章 應酬如何開場才能打動人心

就幫著端椅子招呼。男人走後,他對王小姐說:「妳爸雖然年齡大了,但是挺有風度的,難怪生出妳這麼漂亮的女兒。」王小姐臉紅了起來,白了他一眼:「亂說,那是我男朋友!」

晚上,小吳陪妻子去醫院探望住院的丈母娘,帶了些水果,噓寒問暖,丈母娘很高興。一會之後,丈母娘要他們早點回家,因為明天還要起早上班。小吳想多陪一下老人,脫口而出:「您急什麼,上週我帶兒子去動物園看猴子都時間都沒這麼短呢!」結果把老人氣得血壓上升,他還沒反應過來發生什麼事。

案例中的小吳每一次都想說好聽的場面話來討好對方,卻每一次都不可避免地鬧出了笑話。在與人交流的過程中,想要將場面話說得恰到好處,一定要看清情況,分清場合,如果將不恰當的話用在不恰當的人身上,不僅不會產生討好的效果,還會引起不必要的誤會。

場面上少不了聰明的謊言

在特定的場合中,有時候我們為了自己不失面子或者不駁他人的面子,需要禮貌性地說一些帶有謊言色彩的場面話。而在與人交往的過程中,你也免不了會聽到很多諸如「下次我請

客」「下次給你留意」之類的場面話，你心裡一定清楚，這些話大多數都有寒暄客套之意，縱使水分多，卻也一定程度上表現出了對方的熱心和熱情。

這些「聰明的謊言」雖然未必出自真心，但是卻能在我們與人交流溝通的時候起到潤滑劑的作用，從這個角度看，說說倒也未嘗不可。事實上，場面上是少不了聰明的謊言的，它有時候是為了活躍氣氛，彰顯人情，有時候是為了破除尷尬，扭轉局勢，總而言之，它的存在，是十分必要的。

清乾隆三十六年，乾隆皇帝組織編寫《四庫全書》，命大臣紀曉嵐擔任這部大型文史書的主管。那時候正是炎炎酷暑，紀曉嵐十分怕熱，校對文章的時候經常熱得汗流浹背。後來，他忍無可忍，乾脆脫掉上衣、打著赤膊，將辮子盤到頭頂，徹底忘卻了儀表。

有一天，僕人跟跟蹌蹌地奔進房間，看起來驚慌到了極點。原來乾隆皇帝突然大駕光臨，已經到了館中，嚇了眾人一大跳。紀曉嵐心知乾隆皇帝是來檢視進度的，眼看自己這副尊榮，怕皇帝斥責他失禮，便將心一橫，及時鑽到了書桌底下，扯下桌布裹住了身體。

書桌下悶熱無比，紀曉嵐等了好一會，見周圍毫無動靜，猜測乾隆皇帝已離開，便起身向不遠處的同僚問道：「老頭子可是走遠了？」

話音剛落，紀曉嵐赫然發現乾隆皇帝正端坐在他的身旁。

第三章　應酬如何開場才能打動人心

乾隆皇帝聽到紀曉嵐膽敢喊他為「老頭子」，臉上驟然變了顏色：「紀曉嵐，你好大的膽子！『老頭子』三個字你作何解釋？」

同僚們大驚失色，紀曉嵐鎮定了心緒，跪拜在地，不慌不忙道：「臣謂之『老頭子』，只因『老』字寓意著萬壽無疆，『頭』字寓意著頂天立地，『子』字寓意著父母君王、天之子，皇上聖明，『老頭子』三字您擔之無愧！」

皇帝聽了紀曉嵐的解釋，不禁轉怒為喜，並誇獎他道：「紀曉嵐不愧是鐵齒銅牙，朕就不追究你了。」其實乾隆皇帝也知道紀曉嵐只是在利用口才彌補一時的失言，他的本意並不是這個意思，但是這句聰明的謊言卻哄得他轉怒為喜。

聰明的謊言在特定的場合中不但能夠維護雙方的面子，還能夠使自己化解尷尬，脫離困境。在人際交往的過程中，每個人都希望自己與他人的關係融洽和諧，而在發生衝突的時候，巧妙地運用聰明的謊言去化解尷尬，就能讓我們如願以償。

趙勝利是一家服裝公司的專案經理，平時老闆下達命令給他後，他得立刻帶帶著手下的人去執行老闆的指令，有時候辛辛苦苦忙半個月，就為了能夠找到一個合適的設計師。這行業競爭激烈，利潤空間小，承受著的壓力卻不小。這一點，趙勝利深有體會。

有一次，一位設計師突然打電話給趙勝利，支支吾吾地說自己因為有事，沒有辦法按時交設計稿了，剛說完便掛掉了電話。趙勝利急了，這個作品的消息早就已經放出去了，發表會

都安排好了，老闆也一直在等著這個作品，現在設計師若是不能按時交稿，造成的損失實在是太大了。

就在趙勝利急得束手無策的時候，老闆剛好從他旁邊經過，看他這麼焦急的樣子，便隨口問了一句：「怎麼了？發生什麼事了嗎？」

趙勝利剛想把實情告訴老闆，但他突然想到，老闆只是隨口問一句「怎麼了」，本質上是一句客套的場面話，事實上他根本沒有時間真的聽自己彙報究竟發生了什麼事情，何況自己還沒弄清楚究事情原委，若是貿然將事情告訴老闆，不知道會鬧出怎樣的風波。

想到這裡，趙勝利笑了笑，回答老闆：「沒什麼，突然找不到車鑰匙，急死我了。」

我們都知道，趙勝利的回答其實是不符合事實的，他說了一句虛假的場面話，但他是為了爭取時間去了解到底發生了什麼事，從而找到解決問的的辦法。

場面話和虛偽有著本質上的區別，即使它真的是個謊言。比如說，如果你能適時地對對方說上一句「你很不錯」、「這個想法真的很棒」之類的不太符合事實的場面話，於你簡單無比，卻能夠為對方帶來巨大的鼓勵，它能夠有效地引起對方的積極性，讓對方擁有昂首前進的自信。

當你處在一個特定的環境中的時候，你必須得學會運用善意的謊言來回應對方；當對方來向你求助時，在不違背良心

第三章　應酬如何開場才能打動人心

的情況下能辦到的盡量幫助對方,不能辦到的也要學會用場面話,諸如「等我有空的時候幫你想辦法好嗎?」

不過也要注意,你的場面話不可太過空泛,它不是讓你去滿口大話,隨意許下承諾,而是教導你時刻謹記,要量力而為。當然,在與人交往時也要學會分辨什麼是場面話,什麼是事實,如果是客套的場面話,就沒必要太放在心上。

其實,場面上的一切交往都是為了面子,而維護面子的話就免不了在其中有摻假的成分,所以,不論是說場面上的話還是聽場面上的話,都要有恰當適時的技巧。

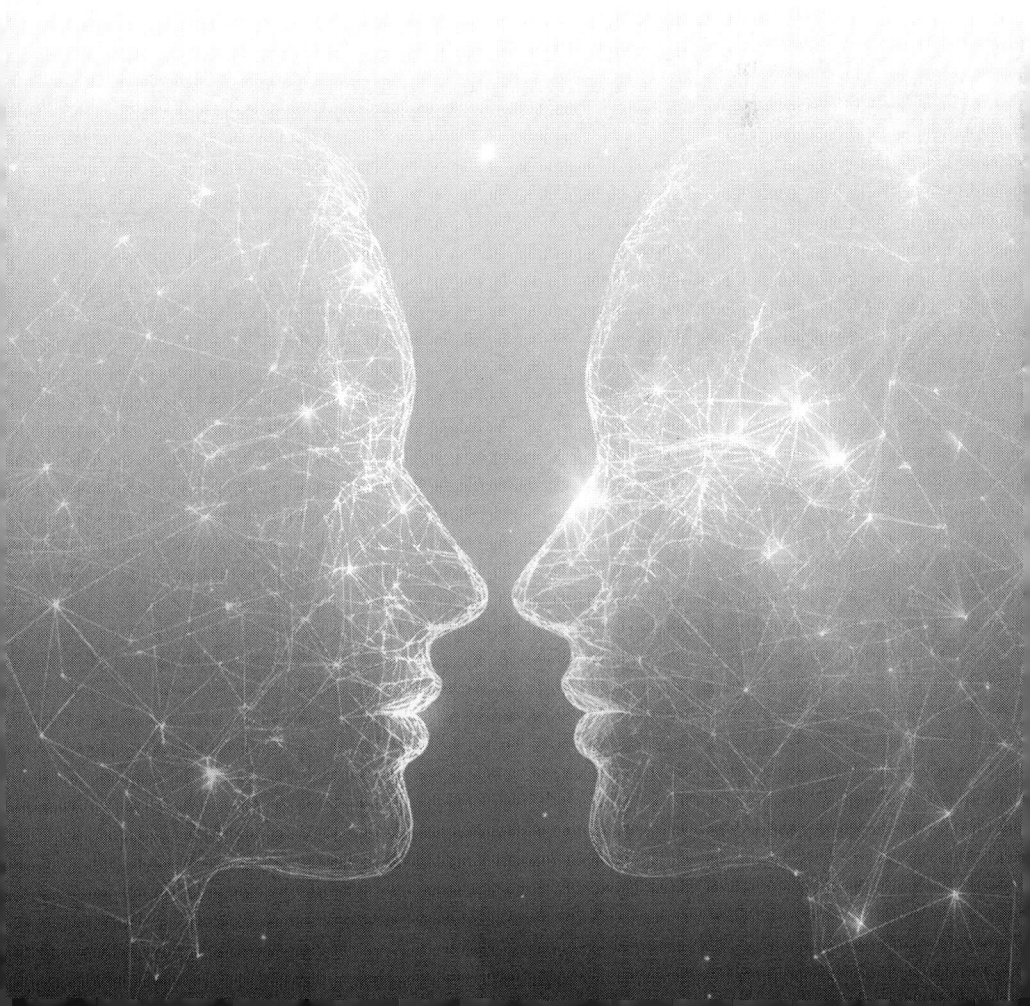

第四章
溝通,從「心」開始

第四章　溝通，從「心」開始

求人幫忙，「恭」其所需會事半功倍

　　求人辦事不但需要俐落的嘴上功夫，更重要的是要能夠瞄準對方心中的脆弱點，投其所好，「恭」其所需。不但要充分地表達出你對所求人的理解、欣賞、羨慕和尊重，還要抓住時機說得恰到好處，這樣才能避免隔靴搔癢的失誤。

　　如果你是做化妝品生意的，對方剛好是一名年輕的女性，不妨將她的美貌與氣質大誇特誇，幾乎所有的女性都吃這一套；如果對方是一個不折不扣的電影迷，哪怕你根本不喜歡電影，也可以用探討求教的態度和他聊一聊電影，你甚至可以請他去電影院看一場他熱衷的電影。

　　要想達到求人辦事的目的，就要學會讚美，就要學會找到對方心理的脆弱點，傾聽他的心聲，了解他的心理需求，再根據不同的情況說一些正中對方下懷的話。一旦你滿足了對方的心理需求，對方也一定會滿足你的請求。

　　那麼，這個脆弱點具體指的是什麼呢？它可以是對方的長處，也可以是對方的弱點。

　　我們常說，「錦上添花易，雪中送炭難」，如果一個人在某一方面的能力有所缺陷，但是特別想得到這方面的肯定，那麼這時候你的恭維對他不僅是一種鼓勵，更是一種惺惺相惜的認同，這樣你得到的不僅僅是實現自己的目標，還能夠收穫對方

求人幫忙,「恭」其所需會事半功倍

的信任。

大家都知道楚漢之爭最後的結果,項羽烏江自刎,劉邦則建立了漢王朝。劉邦登上皇位之後,不免有一些得意忘形。

劉邦經常問群臣:「你們可知為何寡人能夠勝那項羽?」那些大臣們深知劉邦的心思,紛紛大說好話,奉承迎合,將劉邦誇得天上有地下無,經常逗得劉邦哈哈大笑,內心逐漸膨脹了起來,對待政事也越來越懈怠。

有一次劉邦稍感身體不適,他躲在後宮,將朝政通通地拋在了腦後。周勃、灌嬰等開國將領心裡著急,卻不敢冒犯君威。

幾天後,大臣樊噲直接闖進宮中,見到劉邦,他不提進諫之事,只與劉邦回憶過去打仗時艱辛卻又美好的時光。

樊噲說:「想當初,臣跟隨著陛下起兵沛豐之時,豪言要安定天下,那是何等的豪情壯志!我們上下團結,同甘共苦,這才打敗了那逆賊項羽,建立了漢朝的大好基業⋯⋯」

劉邦聽得很激動,樊噲卻話音一轉,繼續說道:「如今天下初定,百廢待興,尚且民不聊生,陛下卻忘了當初的誓言,這般精神頹廢,諸位大臣都在為陛下的病寢食難安,陛下卻不理朝政,而獨與太監親近,難道就不記得趙高禍國的教訓嗎?」

開始劉邦還為樊噲的讚美暗自得意,可聽到他話鋒一轉,批評起了自己,便也沉默起來,陷入了沉思。從那天後,劉邦勵精圖治,休養生息,最終造就了漢朝那一片欣欣向榮的景象。

第四章 溝通，從「心」開始

在這裡，樊噲正是用劉邦引以為榮的經歷反襯出他現在的弱點，終於達到了說服劉邦勤政的目的。樊噲巧妙地運用劉邦以前的壯舉，為的就是抓住劉邦怕滅國的恐懼心理，一個帝王最怕的莫過於國亡，所以樊噲「恭」其所需，達到了勸諫的目的。

一個人的弱點與優點是相生相長的，優點的對立面站著弱點，反之亦然。了解一個人的弱點，從對方的弱點和不足出發，滿足對方的心理需求，往往能收到意想不到的效果。

趙鴻源是一家公司的業務，為了拿下一個重要客戶的案子，他想盡了一切辦法。有一次，他正在這家公司的老闆辦公室裡苦苦等候著，突然注意到有人誇這位老闆有風度有能力、能成大事的時候，老闆那原本嚴肅的面孔上會露出得意的微笑，整個人也變得好說話了起來。趙鴻源笑起來，這位老闆雖然裝得一本正經，卻有著好大喜功、經不起吹捧、愛面子的弱點，他打定了主意，知道要對「症」下藥才可取得奇效。

在往後與這位老闆的交談中，趙鴻源對這家公司的各方面都進行了評論，講得有理有據，頭頭是道，臉上還不時流露出敬佩的神色，老闆越聽越高興，索性自己滔滔不絕地講起了創業的經歷。趙鴻源做出洗耳恭聽的樣子，隨時說上幾句助興的話：「您說像您這麼穩重成熟，思考縝密的老闆，還這麼平易近人，真是太難得了！」老闆越講越興奮，對趙鴻源的印象也越來越好。

趙鴻源見時機成熟，便趁機說道：「聽您講起您創業的這些事，真是讓我感觸良多，創業若是口袋裡沒錢，簡直是寸步

難行！但是您硬是靠著實力闖了出來，真是太厲害了！可惜的是，我們老闆無論是能力還是運氣，都比您差一點，他現在只能靠著您的這筆訂單來翻身了，同是經商的人，您可千萬不能見死不救啊！」

那位老闆心裡很開心，嘴上卻故意說道：「你這訂單太大了，我得考慮考慮。」他裝著沉思了好一會，終於「艱難」地做出了決定：「年輕人，你也跑了好幾趟了，看得出來，很有誠意，下午你先把合約拿來讓我看看吧！」

趙鴻源正是抓住了那位老闆好大喜功、經不起吹捧、愛面子的特點，「恭」其所需，才獲得了成功。

當我們要去恭維一個人的時候，要想說得對方心花怒放，就要站在他的角度去恭維他心理有所需求的那一個點，觸動他心中最敏感、最柔軟的地方。要相信一個能走進他人心裡的人說的話，遠比客客氣氣的點頭之交說的話有分量得多。

讓溝通成為愛的語言

在人際往來中能言善道、遊刃有餘的人，往往在與對方剛開始接觸的一瞬間，就能找到雙方感興趣的話題，從而引發起交談的興致。俗話說，「話不投機半句多，酒逢知己千杯少」，

第四章　溝通，從「心」開始

能夠把話說到他人的心坎上，是一種高超的說話技巧。

能用來接近對方的話題可說俯拾皆是，但卻並不一定都能獲得預期的效果。這就要求我們一定要找準話題，要說就說對方關心和感興趣的事情，這樣就能輕易與對方產生共鳴，深刻地了解他人的心聲。

從某種意義上來說，身為社會一部分的我們，往往有各自鮮明的人格特徵、處世方式以及性格愛好。我們可以從對方的舉止言談或者其他的個人資訊中發掘出對方最關心和最感興趣的事情。這樣，我們在與對方攀談的時候便可引導著話題轉向他最感興趣的方向，自然而然彼此之間就會建立比較親近的關係。

商鞅是戰國時期著名的政治家、改革家和思想家，年輕的時候商鞅崇尚法術之學，受法家代表人物李悝、吳起等人的影響很大。後來他聽說秦孝公勵精圖治，廣攬人才，便帶著十幾車書，奔波數月來到秦國。商鞅的舉動讓眾人很吃驚，秦孝公聽到這件事之後對商鞅產生興趣。

商鞅第一次見到秦孝公的時候，簡單介紹了一下自己，便滔滔不絕地講起了「仁道」，秦孝公皺皺眉頭，用手撐著腦袋，聽得昏昏欲睡。商鞅見秦孝公並不太感興趣的樣子，有點不知所措。等到他終於講完的時候，秦孝公找了個藉口就走開了，商鞅尷尬地待在原地愣了半晌。

後來，商鞅想盡了辦法，終於又見到了秦孝公。這次，他

談起了「王道」,將治國平天下的學問分析得很深刻。沒想到秦孝公對這個話題也不太感興趣,聽得很不耐煩。商鞅察覺到對方的想法,只好灰溜溜地告退。

一個月後,商鞅上下活動,終於獲得了與秦孝公第三次見面的機會。他放棄了「仁道」與「王道」的主張,談起了自己更為擅長的「霸道」,講的是法家那一套富國強兵的學問,誰知正中秦孝公的下懷,二人促膝長談了一夜,彼此惺惺相惜起來。不久,秦孝公授命商鞅改革,成就了歷史上有名的「商鞅變法」,為秦國日後兼併六國、統一中國奠定了基礎。

在與人交流的時候,要說就說對方關心和感興趣的事情,因為最重要的事情是要把話說到對方的心坎裡。

每個人都有得到別人的尊重與認可的心理需求,而向別人請教問題是滿足對方這種心理需求的重要方法。所以,我們與陌生人見面後,可以真誠地向對方請教問題,這樣可以激發對方與你交談的熱情,使你們的交流進行得更為順暢。

法學院的李洋畢業後,在故鄉一家法律事務所擔任一名普通職員。按照公司的規定,試用期間每個人都必須至少拉到一位客戶,否則就要被解僱。但是,李洋因為剛離開學校不久,又沒有任何社會背景,所以,一個月的期限將要到了,他還沒完成任務,就在他心灰意冷之時卻出現了奇蹟。

一次,他去拜訪一位客戶,客戶是一家公司的客服部經理。那個經理看到李洋後,臉上就露出了不悅的表情。李洋心

第四章　溝通，從「心」開始

裡頓時感到惴惴不安，不知道如何開口。這時他猛然發現經理的桌子上有一個牌子，上面寫著「曾瑞翔」三個字，李洋猜測這可能是經理的名字。

他想：「如果以這個名字入手，應該能開啟話題！」

於是，李洋問道：「您知不知道唐宋八大家中有個叫曾鞏的？」經理愣了一下，說：「嗯，知道。」李洋說：「你們是同一個姓，我以前出盡洋相，老叫他曾（ㄆㄥˊ）鞏。」

經理笑了：「這也不能怪你，你沒叫成馮鞏就不錯了。」

李洋說：「是啊，雖然這個姓有點怪，但是，我聽說，歷史上姓曾的名人有很多啊，您知不知道都有誰？」這一下就開啟了話匣子，兩人開始興致勃勃地聊了起來。最終，這位經理就成了他的客戶。後來，經理還幫他介紹了其他的客戶，李洋的業績呈直線上升，最近還升了職。

李洋用這個姓氏做話題，真誠地向對方請教問題，引起了對方的興趣，最終順利地與對方結成了朋友。所以說，我們與人來往時，也可以根據對方的身分，適當地提出一些對方可能感興趣的問題，迎合他人的興趣，把對方的注意力和好奇心吸引過來。這樣會在很短的時間內縮短彼此之間的距離，使交流順利進行下去。

在與人交談的時候，想要順利地找到對方感興趣的話題就要時刻注意對方的反應，如果對方流露出不耐煩的神色，或者只是出於禮貌靜靜地聽著卻不去回應自己，那麼就需要停止談

論這個話題。

在交流時除了用請教的方式最直接地得知對方的興趣愛好之外，還可以透過對方的穿著、眼神以及不時的讚美來收集對方的資訊。隨著我們閱歷經驗的增長，人與人交流時，自己是能夠直接體會的，所以學會見機行事，評估情勢是掌握交流方向的關鍵。

讓對方感覺到他是個重要人物

人際關係本質上指的是人與人之間由於交流而產生的一種心理關係，它主要表現在交際過程中的雙方關係的深淺度、親密性、融洽性和協調性等方面。儘管在不同的群體中，由於職業、年齡、性別不同，人們在交際時的特點也不盡相同，但每個人希望被重視、尊重的心理要求卻是一致的。

儘管想要被人重視是人的本能，但千萬要明辨輕重，清楚自己想要的是什麼。

在我們有求於人的時候，不妨適當地降低姿態讓對方感覺被重視、被尊重，讓對方感覺到自己是個重要人物，這一定會讓你們之間的交談變得愈發順暢，也更有利於你實現自己最初的交談目的。

第四章　溝通，從「心」開始

　　乾隆皇帝對二十四史的刊印非常重視，以至於他經常親自校核，由於錯誤很少，他每發現一次錯誤，都感到自己非常有學識。

　　和珅和其他大臣看出了皇帝的心理，於是就在抄寫給皇帝看的書稿中，故意在明顯的地方抄錯幾個字，好讓皇帝校正。每發現一次錯誤，乾隆皇帝都非常滿足，極大滿足了他的自豪感和被重視感，和珅的做法比當面誇獎皇帝學識淵博效果還來得好。於是從那以後皇帝改定的書稿，他人就不能再改動。

　　和珅善於察言觀色，捕捉乾隆的心理，他對乾隆的性情喜好、生活習慣經常進行細心觀察和深入研究，對皇帝的脾氣秉性瞭如指掌。乾隆皇帝視他為心腹，因為和珅能夠迎合他的口味，使他隨時保持優越感。

　　和珅在恭維乾隆時做到了知己知彼，讓對方渾然不覺卻身心舒坦，因為他做得無聲無息，不著痕跡。雖然皇帝是一把手，但是也需要別人對他的學識與能力進行肯定，和珅善於迎合皇帝的口味，所以備受重視。雖然我們對其阿諛奉承、諂媚的做法並不提倡，但是其迎合他人心理需求的技巧卻是我們所要借鑑學習的。

　　人人都需要被尊重，尤其是一些有地位、有名望的人，乃至於有追求的人，在這些人身上或多或少都有著一絲絲的清高和傲氣。與他們交往，以禮相待，讓他們成為主角，只要你的誠心感動了他們，就能博得他們的好感和信賴，他們便會以各

讓對方感覺到他是個重要人物

種方式來回報你。

劉海英的主要工作是為公司招攬客戶，其中有一位很重要的主顧，是一家藥品雜貨店。每次他來到這家店裡，總是習慣性地和櫃檯的營業員們寒暄幾句，話語中充滿了誇讚，然後才去見店主。有一天，他又來到了這家藥品雜貨店，店主突然告訴他，自己的店裡不準備購買他們公司的產品了，他說自己關注了公司舉辦的活動，發現這些活動的設計對象都是一些食品店和廉價商店，跟自己這個藥品雜貨店毫無關係。店主最後對劉海英說，自己已經做出了決定，希望他不要再過來了。

劉海英失望地離開了雜貨店，他在那條街上徘徊了很久，失去了這樣一個重要的主顧，他心裡很不是滋味。劉海英想了很久，最後決定再回到店裡，跟店主把情況說清楚。

走進店裡的時候，劉海英看到櫃檯上賣飲料的小女孩，笑著稱讚了對方幾句，便去裡屋見店主。店主見到他很高興，說自己很歡迎他能夠回來，還說自己反悔了，他將繼續和他們公司合作。劉海英很驚訝，不明白自己離開店後發生了什麼事。店主指著櫃檯上那個賣飲料的女孩說：「在你離開店鋪以後，我的店員告訴我說，只有你會和她打招呼，一直很尊重她，正是因為你，她第一次有了受重視的感覺。我的店員對我說，如果有什麼人值得同其做生意的話，就應該是你。」從此店主成了劉海英最好的主顧。

每個人都有成為重要人物的欲望，而劉海英讓店裡的每一個人感受到自己對他們的尊重，這就是他成功的祕訣。

第四章　溝通，從「心」開始

　　在與人往來的時候，只要一聲招呼、一個眼神就能讓對方知道你尊重他、在意他。所以，平時不論你處在什麼位置、面對什麼身分的人，都要友好平等地對待他人，因為關心別人、尊重別人能讓對方感覺到自己的重要性。

　　當你用誠摯的心靈使對方在情感上感到溫暖、愉悅，在精神上得到充實和滿足，你就會體驗到一種美好、和諧的人際關係，你就會擁有許多的朋友，並獲得最終的成功。

　　在與人交流時，當有人說起自己得意的事，或是說起自己的優點與專長，代表他希望能得到你的認可，希望成為彼此談話的主角。這個時候，你得克制自己的表演欲望。有時，你可能會情不自禁地想要表現出自己的優勢，這是為了獲得重視、榮譽的本能，但你要注意一點，當你表演的時候，別人可能會有壓力感，甚至反感，尤其是在別人的脆弱點。

　　所以，在與人往來的時候，你就應該放低姿態，表現得謙虛平和，大智若愚，才能讓對方感受到你是在欣賞、重視他，那麼他就會對你產生好感，讓交談進一步深入，從而你才能獲得自己的利益。

學會幫人戴「高帽」

有個叫彭玉麟的官員，有一天因為辦公事，他需要經過一條狹窄的小巷。一個女子正好在用竹竿晾衣服，不料竹竿太溼，她手一滑，竹竿掉了下來，重重地砸在了彭玉麟的頭上。彭玉麟搗著額頭，抬眼一看，見窗前那女子呆呆地看著自己，不由勃然大怒，指著女子大罵起來。

女子認出了彭玉麟，一開始嚇得冷汗直冒，但她定了定神，大聲說道：「你為何如此蠻橫？我不小心砸到了你，向你賠禮道歉就好，何必凶神惡煞到這個地步？你可知道彭大人就在此地為官？他清廉正直，假使我去告訴他老人家，怕要砍掉你的頭！」

彭玉麟一聽這女子如此誇讚自己，心裡的怒氣早已消失得無影無蹤。他朝著女子笑了幾聲，便心平氣和地走開了。

威廉·詹姆士（William James）是美國著名的心理學家，他有句名言是這樣說的：「人性最大的需求就是希望別人對自己加以賞識。」在這個世界上，不喜歡聽好話的人少之又少。幾乎每個人都希望得到他人的讚美，希望別人肯定自己的優點。

有時候即使他明知對方說的不過是些奉承話和「假話」，心中也會沾沾自喜，這是人類的通病，是人性永遠也改不掉的弱點。讚美猶如陽光，它使人感到溫暖。獲得別人的肯定和讚美

第四章 溝通，從「心」開始

是人類共同的心理需求，一旦這種心理得到滿足，便會成為我們積極向上、奮發圖強的原動力。

社會競爭如此激烈，壓力幾乎無處不在，不可否認的是，人們得到的真心的讚美越來越少。這就意味著，人人那種渴望被讚美、被肯定、被「戴高帽」的心理需求越來越強烈了，可以說，只要不是睜眼說瞎話，一般的「高帽子」，大家都很樂意接受，也甘之如飴。

然而，為人戴「高帽子」並不是那麼簡單的事情，它需要技巧和學問。如果戴不好，則會適得其反。所以，我們在說服別人時，應該有技巧地給他戴「高帽子」。

卡內基9歲的時候，第一次見到他的繼母，原本他很討厭這個對他而言極其陌生的女人，然而幾個小時後，這種情況改變了。

當父親帶著那個長得很漂亮的女人進門的時候，卡內基心裡特別不是滋味。那時候他們是居住在鄉下的貧苦人家，而那個漂亮的陌生女人卻來自富有的家庭。父親強迫卡內基站在他們面前，將他喝斥一番後，轉過頭溫柔對繼母說：「親愛的，他是全郡最壞的男孩，妳要小心。而我，已經對他完全失望了，妳完全想像不到他會做出哪些壞事，他可能會對著妳丟石頭也說不定！」

繼母專注地看著眼前一臉不耐煩的孩子，眼神溫柔，微笑著走到他面前，撫摸著他亂糟糟的頭髮，接著蹲下身來，托起

他的腦袋,仔細地看著他的眼睛。卡內基只覺得女人的晶亮的眼神像一束陽光照亮了心裡最陰暗的地方。

繼母轉過頭對丈夫笑道:「親愛的,真不敢相信你說的是面前這個男孩!他簡直擁有全世界最美的一雙眼睛,那麼聰明,那麼睿智,像一個天使!我看他是全郡最聰明最有創造力的男孩。只不過,他還沒有找到發洩熱情的地方。」

卡內基心裡暖洋洋的,眼眶裡很快便聚滿了感動的眼淚。他對繼母的印象完全改觀了,而繼母對他的評價,也成為他自信的泉源,成為激勵他一生前行的動力。

案例中,繼母為卡內基戴的「高帽子」,其實是一個充滿著善意的謊言,但是正是這頂「高帽」,成功地激發了卡內基的想像力和創造力,幫助他產生探索智慧的信心和勇氣。成年後,卡內基終於成為美國著名的富人和作家,亦成為20世紀最有影響力的人物之一。

卡內基訓練中有一篇經典的文章,其中的一句話叫人印象深刻:「掌聲可以使一隻腳的鴨子變成兩隻腳。」在日常交往中,人人需要讚美,人人也喜歡被讚美。如果一個人在充滿真誠的讚美的環境中,他一定十分清楚自身的價值,他對自己的未來一定滿懷自信。

在與人往來的過程中,當與對方在認知上、立場上產生了分歧的時候,不妨運用讚美的力量,適當地為對方戴上「高帽」。這樣不僅能化解矛盾,克服彼此的差異,更能促進彼此之間的

第四章　溝通，從「心」開始

　　理解，加速溝通的過程。所以，善交際者也大多善於讚美，善於為他人戴「高帽」。

　　「高帽子」同時是美麗的謊言，如果你想讓自己的「高帽子」使人樂於接受，就應該注重表達的技巧，更要注重方式和內涵。俗不可耐的「高帽」不僅不能恭維對方，還會讓對方倒胃口。畢竟，只有漂亮實用的「高帽子」才能產生預期中說服的作用。

　　學會替人戴「高帽」的技巧，你也就掌握了一劑良藥的調製方法。它能夠癒合對方因為錯誤而引發的心靈創傷和悔恨，它能夠為人除去心頭的痼疾，提醒人們矯正錯誤的行為，鼓舞人們改過向善，迎來一個全新的自己。

　　邱吉爾說：「你想要人家有什麼樣的優點，你就怎樣去讚美他吧！」學會巧妙地給人戴「高帽」，一定能夠讓你遊刃有餘地生存在這個社會上。畢竟每個人都渴望得到他人的讚美。

　　巧妙地給人戴「高帽」，用恰到好處的讚美去激發對方的自豪和驕傲，幫助他們了解自身的優點和長處，找到自身的生存價值，實在是很有意義的一件事情，更能給我們本人帶來融洽和諧的人際關係，創造美好的心境。

讚美對方不易為人知的優點

西方有一句諺語說：「讚美好比空氣，人人不能缺少。」讚美和鼓勵是推動一個人進步的重要力量，也是一個人內心深處的人性需求。

就像浩瀚宇宙中的星辰一樣，每個人都有另人眼睛一亮的一面，只是有些人不善於把它顯露出來而已。人們往往太過關注於自己的光芒，而容易忽略別人的亮點。但其實人人都很享受被讚美的感覺，如果我們都能主動地去讚美對方的優點，一定能夠獲得更好的人緣。

如果想讓自己的讚美給人耳目一新的感覺，就要學會讚美對方不易為人知的優點，具體而詳細地說出對方值得稱道的地方，這樣既能讓對方直接感受到你的真誠，也能讓你的讚美之辭愈發深入人心。這樣不僅能夠達到激勵對方的作用，而且還能讓對方感受到你對他的關心和重視。

所以，只有用心認真地觀察對方，才能說出他的優點。讚美越是獨特，越是另闢蹊徑，就越能表明你的用心程度。當一個人聽夠了普遍性、禮貌性的讚美的時候，新穎的角度反而能夠讓他眼前一亮，不由自主地對讚美者產生好感，甚至是某種知己之感。

管仲和鮑叔牙年輕的時候曾經一起經商，不過賺了錢，管

第四章　溝通，從「心」開始

仲總是分給自己多一些，給鮑叔牙少分一些，而鮑叔牙從來不曾為了此事與管仲計較。鮑叔牙僕人在背後抱怨：「這個管仲真自私，出這麼少的本錢，卻拿這麼多的分紅，不是明擺著欺負我們公子嘛！」

鮑叔牙對僕人道：「管仲並不是不顧友情，他家裡貧困又要照顧老母，處處需要用錢，多拿一點也是應該的。」

後來他們一起出征，但是每一次管仲都臨陣逃脫，像個膽小鬼般躲在大家身後。認識他的人都罵管仲是個懦夫，貪生怕死，鮑叔牙卻為管仲辯解說：「管仲母親只有他一個兒子，他若是不幸喪命，誰來照顧他的老母親呢？管仲寧願忍受罵名也要留著性命照顧母親，真乃忍辱負重！」

管仲心裡很感慨：「生我者父母，知我者鮑叔牙也！」

人人都說管仲貪財，貪生怕死，不敢為了國家流血犧牲，是膽小鬼。只有鮑叔牙看到了他的優點，從不吝於對外人讚美他的優點。後來，鮑叔牙將管仲舉薦給了齊桓公，管仲大施才華，成了顯赫一時的人物。他感念鮑叔牙昔日的情誼，使得其子孫在齊國享受俸祿和封地，鮑叔牙的很多後人都成了有名的大夫。

運用讚美，鮑叔牙收穫了一段深厚的友情。他總是那麼善於發現管仲不易為人所知的優點，並毫無顧忌地出言讚美，這才成就了管仲，也成就了自己。想要讚美對方不易為人所知的優點，就要細心觀察，找對角度。

讚美對方不易爲人知的優點

一般來說，缺乏熱誠的、膚淺的、空洞的讚美，有點像外交辭令，太制式化，會給予人敷衍的感覺，有時甚至讓人以為有拍馬屁的嫌疑，讓人懷疑你的動機不單純，容易引起對方的反感與不滿。如果你的角度與他人不同，那麼就會很容易引起對方的好感與興趣。

小虹是一家大型企業的總裁祕書，她在培訓下屬的時候講了一個小故事：「曾經有三個客戶和我說他們要見公司主管，希望我能夠幫助他們引薦。最後，我拒絕了前兩個人，卻幫助了第三個人，你們知道為什麼嗎？」

下屬們沒有一個人知道原因，都搖了搖頭。

小虹繼續說道：「我記得第一個客戶看到我的時候對我說：『劉小姐，妳的名字真好聽。』我當時正想聽他說下去，結果他卻又顛三倒四地說起了其他的話題，真是的，就算是巴結人也得用點心吧！

「第二個客戶對我說：『劉小姐，妳衣服挺漂亮的，我老婆也很喜歡穿這種小套裝，妳們品味差不多。』我一聽就想翻白眼，這個客戶年紀比較大，我見過他老婆，差不多50歲左右，說我和一個快要退休的人有著相同的品味，真是叫我哭笑不得！」

「只有第三個客戶對我說：『劉小姐，妳滿有個性的。』他眼神很真誠，看起來不像是那種浮誇的人，他說我有個性，倒是讓我很意外。他接著說：『我注意到，妳的手錶戴在右手腕上，一般人通常都是戴在左手腕上的，後來我注意觀察才發

119

第四章　溝通，從「心」開始

現，原來妳是個左撇子。科學研究都說左撇子特別聰明，難怪妳年紀輕輕就這麼優秀！』聽了他的話，我很高興，就替他約見了主管，結果聽說他簽了筆一百萬的合約，主管還對他讚不絕口！」

哪怕是恭維讚美，也要找對角度，學會技巧。案例中第三個客戶另闢蹊徑，視角獨特，將話說進了小虹的心裡，難怪會讓她另眼相待。

人們常說，「世界不缺少美，而是缺少一雙善於發現美的眼睛」。人人都喜歡被讚美，但隨著社會閱歷的增加與視角的變化，每個人都會有區分形式與真實的能力，只有新鮮感才會使人有興趣，這就需要我們在生活中多累積、善觀察，在讚美對方與眾不同的同時使自己也具備不同的視角與深度。

讚美對方最微小的進步

我們經常能夠聽到這樣的故事，幾句稱讚的話便讓人徹底改變一生的軌跡。每個人都渴望來自他人的讚美和認可，這會成為他不斷前進的動力。而每個人的成功都是透過一點一滴的累積努力而成，因此，在交往中要善於發現別人最微小的進步，並不失時機地予以讚美。

讚美對方最微小的進步

當別人計劃要做一件有意義的事時,不遺餘力地讚揚能夠激勵他下定決心做出成績。讚美是一種精明、隱祕和巧妙的奉承,它從不同的方面滿足給予讚揚和得到讚揚的人們。

讚美的形式多種多樣,我們可以進行公開讚美,也可以私底下進行讚美,或者經由他人傳遞自己的讚美等等。多種形式相結合就能把讚美的作用、範圍進行很好的擴展,進而增強讚美的效果。

然而,最為關鍵的問題是我們是否有這種意識。當我們終於意識到了讚美獨一無二的重要性後,想要最大限度地發揮讚美的作用,最簡單的方法就是要習慣於去讚美對方的微小進步。你讚美的語言表達得越細緻、越具體,說明你對對方愈了解,對他的長處和成績愈看重。這樣會讓對方感受到你的真摯、親切和可信,你們之間的關係就會越來越近。

有一名青年希望成為作家,但是他的經歷卻非常悽苦,他只上了四年學,父親因為還不起債而被判入獄,他飽受飢寒之苦,最後不得不找了一份在老鼠穿梭、髒亂無比的庫房裡黏貼油瓶標籤的工作。晚上,他和另外兩個出身貧苦的小孩一起睡在陰暗潮溼的小閣樓裡。

他雖然渴望成為作家,卻對自己的寫作能力沒有信心。為了不讓別人取笑自己,他悄悄地在深夜溜出去,將第一份稿件丟進郵筒。令人失望的是,那一篇篇精心撰寫的稿件都被退了回來,但是他沒有放棄,堅持著寫了下去。皇天不負苦心人,

第四章　溝通，從「心」開始

　　最終他的一篇稿件被一名編輯看中，雖然沒有得到報酬，但編輯稱讚他很有天賦，他感到備受鼓舞，最終成了一位十分有名的作家。

　　他獲得的稱讚和認可，改變了他的整個人生，如果沒有那次經歷，他很可能會在那個黑暗的庫房裡待一輩子。這個人就是查爾斯‧狄更斯（Charles Dickens）。讚美對於人的精神就像溫暖的陽光，沒有它，我們就不能開花成長。但是，我們大多數人卻只想給別人冷酷的批評，而不願對我們的夥伴說上幾句讚美之言。

　　假如我們願意鼓勵身邊的每一個人，使他們意識到並挖掘自己所擁有的內在的寶藏；假如我們能夠毫不吝嗇地讚美對方微小的進步，那麼我們不僅可以改變他的整個心態，甚至可以令他得到脫胎換骨的進步。

　　當然，讚美是一種藝術。不同的人需要不同的讚美方式。讚美方式的正確選用和讚美程度的適度掌握，是讚美是否能夠獲得實質成效的重要評估標準。

　　我們不可能憑空製造一個並不存在的理由來讚美一個人，但是我們可以根據對方微小的進步來進行讚美，這樣對方才會更加容易接受，才能從內心深處感受到你的真誠，即使他知道你只不過是在安慰他，也會覺得很開心。

　　劉敬敏女士在一家廣告公司工作，有一天她對同事說：「我現在會挑哈密瓜了，保證能買到最好吃的。」同事們很好奇，紛

紛問她原因,她說:「這說來話長,以前,我買哈密瓜的時候,通常會對水果攤販說:『老闆,麻煩幫我挑個好一點的哈密瓜。』我發現,他隨便看看,就搬上一個來,說『小姐,如果這個瓜太生,妳就拿回來,我再換給妳!』

「後來,我改變了自己說話的方式,現在我會說:『老闆,我昨天在您這裡買了一個哈密瓜,有夠甜,簡直是我今年以來吃的最甜的一個哈密瓜,我覺得您不愧經驗豐富,挑得太準了,麻煩您再幫我挑一個。』

那位老闆聽到這一番話之後,開心極了,一連拍了七八個哈密瓜,還是不滿意地皺著眉頭,同時回頭對我說:『小姐,妳這樣說,我就一定得幫妳挑顆好瓜了!』他連續挑到第九個,才搬上來:『小姐,這瓜保證甜!』」

劉敬敏觀察入微,她聰明地讓賣瓜的師傅嘗到了被讚美的甜頭,才能夠輕鬆達到了自己目的。其實,越是細緻入微的讚美越容易打動人心,它就像是興奮劑,能夠有效激發人的內在潛能。

人們往往會被許多細節性的東西打動,這就是對細微處進行讚美的魅力,越具體的讚美往往越真實,越能夠讓對方感受到自己的誠意,所以,在與人交流時,與其華而不實,說一堆不著邊際的話語,不如仔細觀察,用不張揚、發自內心的讚美來拉近彼此的距離。當你真正讓對方感動的時候,你的目標就會很輕鬆地達成。

第四章　溝通，從「心」開始

讚美如煲湯，火候是關鍵

在社會上打拚，預判情勢、見機行事已經成為人們生存的必備技能。拿讚美來說，想要讚美的話語起到預期的效果，需要判斷情況，掌握「火候」。

我們一再強調，生活中的每個人都喜歡聽讚美的話，但並非任何性質的讚美都能使對方高興。有效的讚美如熬湯，火候永遠是關鍵。那些不溫不火、不鹹不淡的禮貌性讚美之詞很難引起對方的注意，而那些誇張的溢美之詞又會顯得奉承諂媚、虛情假意。

俗話說，「美酒飲到微醉後，好花看到半開時」，想要用讚美作料，熬出一鍋美味濃湯，就要掌握好火候。那麼，我們應該怎麼做呢？

盡量避免禮貌性、客套性的讚美，若想讚美之詞顯得真誠，一定要基於事實、發自內心，因人而異才能有針對性地說出不同的讚美之詞。讚美的話語要盡量具體、生動、詳實，這會增加你話語中的親切感和可信度。

盡量避免過分誇張的讚美性語言。火候過旺會顯得無憑無據、誇大其詞。如果你為了讚美而讚美，態度又顯得過分地熱情洋溢，你在別人的眼裡有可能會成為一個諂媚的小丑的形象。所以說，在與對方交流的時候，一定要學會把握時機與力

道,注意讚美的方式和尺度。

李斯因獻計呂不韋解救了秦國的饑荒之災,讓呂不韋對他非常賞識,認為他有經世之才,決定予以重用。於是,呂不韋向秦王舉薦,讓李斯當了郎官,專門守護宮門。

郎官雖然只是個芝麻小官,卻能夠接近秦王。有一天,秦王見陽光明媚,便乘興郊遊,郎官李斯緊隨身後,貼身侍候。年輕的秦王看著眼前這茫茫無垠曠野,目光炯炯有神:「天地悠悠,何其大也!」

「普天之下,莫非王土;率土之濱,莫非王臣!」李斯跪拜在地,應和道。

秦王嬴政對身邊精明的郎官起了興趣,便詢問其來歷。李斯心裡一陣激動,將自己拜師荀卿、投身呂相國門下當舍人的經歷說給秦王聽。

秦王嬴政知道荀卿於帝王之術很是精通,便考問李斯道:「你的師父一向推崇帝王之術,你對帝王之術有何見解?」

李斯朗聲道:「在臣看來,帝王之術不過是個『一』字!」

「有趣,你倒是說說看。」

「軍必有將,國必有君,天下必有天子,皆因要統一軍令、統一政令。一則治,異則亂;一則安,異則危。當今諸侯分立,戰禍連年,民不聊生,是為亂世。久亂必治,久分必合,天下歸一,勢在必行。秦有兵革之強,物產豐富,理應統一天下,

第四章　溝通，從「心」開始

結束分裂。諸侯合而歸一，天下方能大治……」

秦王嬴政聽罷大喜，大聲道：「想我秦國真是人才濟濟，連小小的郎官也見識不俗，出語不凡！」

郊遊歸來後，李斯知道自己一定要抓住這個機會，便連夜給秦王寫了一道關於吞併六國、統一天下的奏疏。第二天李斯親自把奏疏呈送給秦王嬴政。嬴政很快就看完了，心裡暗暗驚訝：這小小的郎官李斯竟然與自己的想法不謀而合，可謂是知音。嬴政深感李斯身懷大才，絕非等閒之輩，當即下達詔令，任命李斯為長史，給予了他參與朝廷國策的權力。

李斯步步為營，把讚美的火候拿捏得恰到好處，在與秦王相處時他處處察言觀色，懂得見機行事，洞悉情勢地迎合秦王的意圖，最終躋身高位。

雖然我們每個人不可能事事都做到八面玲瓏，但是，在與人交流時，講話的火候卻能由自己控制，洞悉情勢是我們遊刃有餘於一切人情往來中的基本技能，而讚美也沒有一個貫徹始末的路數，只要在談話中靈活多變，抓住時機，就能營造良好的談話氛圍。

簡而言之，想要在人際關係中掌握讚美的火候，就必須順應「時」與「地」的變化而不斷靈活改變。

圖書業務員比恩‧崔西有一天路過一家店鋪的時候，看見一個年輕人正舒服地坐在窗前，聚精會神地看著手裡的一本

書。書的封面很顯眼，比恩‧崔西記得，這本書應該叫做《富爸爸窮爸爸》(Rich Dad Poor Dad)。比恩‧崔西想了一會，突然走進店鋪，對那個年輕人說：「你也在看這本書嗎？當今市面上最暢銷的就是這本書了，它也是我的最愛。」

年輕人深有同感：「這本書寫得太深刻了，簡直就是一本大學教材，我的意思是──社會大學。我雖然沒有上過大學，但我卻認為，人們在社會大學裡學到的東西通常要比在課本上學到的多得多。」

比恩點點頭：「您說得很對，這本書刻劃了一個富爸爸的人物形象，他就很提倡這種觀念。一個人的心態和智慧，決定了他的認知水準。聽到您剛剛那一番話，我想你對這本書不光是讀一讀那麼簡單，應該研究得很徹底了吧？」

年輕人說：「您過獎了，我這個人天生不愛讀書，只喜歡看看課外書而已。」

比恩真誠地說道：「但是，我看得出來，您真的具備讀書的天賦，我感覺您應該從書本上學到了不少知識，還懂得靈活運用，畢竟您這麼年輕就開了一家如此精緻的店鋪，我敢保證，憑著您的能力，您的店面一定還會不斷進行擴張……」

比恩‧崔西恰到好處的讚美讓年輕人來了交談的興趣，他眉飛色舞地同比恩‧崔西講起自己的理想和人生計畫。當然，最後他也接受了崔西介紹的好幾套與成功、理財相關的書籍。

崔西恰到好處的讚美讓老闆一步一步地贊同了他的觀點，

第四章 溝通，從「心」開始

生活中如果在基於真情實意的讚美後，對方還是不怎麼熱情，你不妨學習崔西，加一些激勵的話語來新增火候，因為激勵的話要比不切實際的讚美更加可信，你說的是未來的事情，相當於給了對方一個憧憬，激勵的話不至於讓人覺得用力過猛或者過於諂媚。

讚美的表達有很多方式。有時，一束讚許的目光、一個誇獎的手勢、一個友好的微笑就能得到意想不到的效果。人在世上會遇到各式各樣的場合，適境而生，適境而居，不妄求環境適應自己，而期待自己能夠適應環境，才能掌握自己的去向。人生如此，掌握讚美的火候也一樣。

善用高明的讚美，避免蠢人的獻媚

在生活中我們經常會遇到這樣的情況，我們本想誇讚別人以示友好，不想弄巧成拙變得分外討人嫌；原本是好意提醒卻被人誤以為是挖苦；本來想活躍氣氛，一開口卻讓氣氛更冷了。之所以會這樣，原因就在於我們不懂得高明的讚美，只曉得蠢人的獻媚。

一個善用讚美技巧的人，並不會刻意地去讚美別人，卻擅長在不經意間將讚美之詞宣之於口，這樣反而能取得更好的

> 善用高明的讚美，避免蠢人的獻媚

效果。也就是說，並不是所有的讚美都需要費盡心機去迎合對方，也不是所有的讚美都需要挖空心思去想那些華麗的辭藻。

讚美應該給人一種美的感受，新穎的語言是有魅力的。真正善用高明讚美的人，是那些用自己的真誠去讚美別人的人，這種人能夠為自己和他人帶來意想不到的快樂。

讚美別人最重要的是心意誠摯、態度認真，一個人的語言反映了他的內心，所以如果你說的話表裡不一或者態度輕率，別人就很容易識破你內心真實的想法。恰如其分的讚美能使人心情愉悅，但讚美過度則會適得其反。有時過度的獻媚會有阿諛奉迎之嫌，給人一種虛情假意之感，所以在與人交往時我們要學會善用高明的讚美，避免蠢人的獻媚。

唐朝的婁師德在任監察御史時，天下正遭遇旱災，為了向上天表示誠心，以求祈雨成功，女皇武則天曾向民間頒布禁屠令，禁止百姓們屠宰雞鴨鵝馬牛羊等禽畜。

有一天婁師德來到了陝西督查，地方官為了奉承他，吃飯時命令廚師端上了一盤香噴噴的炒羊肉。婁師德皺了皺眉：「難道你們不知道聖上嚴禁百姓屠殺牲畜嗎？這羊肉是怎麼來的？」

廚師有點心虛，硬著頭皮說道：「這……這隻羊是被豺狼咬死的。」婁師德明知是地方官員為了拍他的馬屁才殺了這隻羊，但事已至此，木已成舟，羊已死去，根本不能復生了。他意識到多說無益，淡笑道：「這隻豺實在是太懂事了。」夾了一筷子羊肉嘗了嘗味道。

第四章　溝通，從「心」開始

　　不一會，廚師又端上了一盤鮮魚，婁師德問道：「為何又殺生？」廚師回說：「這魚⋯⋯也是被豺狼咬死的。」婁師德一聽大笑道：

　　「你可真是個蠢貨，難道豺狼還能游泳不成？怎麼能咬死魚呢？你應該說是水獺咬死的。」說完，心安理得地吃了起來。

　　廚師的獻媚幾乎一下子就被婁師德識破了，因為他忽略了客觀現實，純粹是在胡編亂造。幸虧婁師德沒有跟他一般計較，否則這廚師以及廚師背後的那些地方官非但討不了好，還得吃上一些大虧。在現實生活中，我們可能就沒有這麼幸運了，如果你真的像個蠢人一般去獻媚，一定會惹來譏笑。

　　一個氣球再漂亮、再鮮豔，吹得太小，不會好看；吹得太大很容易爆炸。讚美就如吹氣球，應點到為止，適度為佳。高明的讚美還要學會洞察情勢，如果你暫時看不出對方的優點，可以用試探性的語言問對方的一些意見，當你明白了對方的情況時，再去讚美就不會讓人笑話或嫌棄。

　　有一次，一個客戶在一套精美的沙發面前駐留了很久，小王發現了這一點，便走過去對客戶說：「您的眼光真好，一眼看中了我們公司的主打產品，您知道這套沙發多受歡迎嗎？它是我們上個月的銷售冠軍。」客戶猶豫著問道：「這套沙發賣多少錢啊？」小王笑著說：「你要是打算買這套沙發，我們給您一個優惠價，打折後的價格是 65,000 元。」客戶吃驚：「這麼貴啊，不能再便宜一點嗎？」小王想了想，問道：「請問您住在哪個社

區?」客戶回答說:「百合花香。」

小王說:「您住的社區滿高級的,聽說賣得非常好,不僅社區的庭園做得非常漂亮,而且室內的格局很好,四周的交通也很方便。你選擇了這麼好的社區,相信您一定是位很在意生活品質的人,肯定不會在乎多花這些錢。」

一席話說得客戶眉開眼笑:「你說得倒挺有道理的,我確實很注重生活品質。我很喜歡這套沙發,你們要是再能便宜點我就買了。」

小王笑了:「我說對了吧!您是我們的老客戶了,剛好我們近期有一個促銷活動,這次還真能算您團購價的優惠。」

客戶開心極了,對小王說:「那真的是太感謝了!」

小王無疑是用了高明的讚美推銷出去了產品。他首先讚美認同客戶的眼光,然後讚美客戶講究生活品質,側面暗示客戶不要為了省錢降低生活品質,然後再告訴客戶店家正在做促銷,給客戶折扣等於給了客戶額外的驚喜,這才讓這位客戶愉快地購買了產品。

在人際關係中,要想高明地讚美他人,避免諂媚的蠢樣,就要學會從實際情況出發,仔細尋找合適的讚美的切入點。在與熟人打交道時,不能將同一種方式的讚美反反覆覆說上好多遍,這樣會讓對方覺得厭煩,還會讓對方明顯地感覺到你的虛偽。很多時候,不妨換個角度去讚美,讓對方明顯感覺到你對他的欣賞。

第四章　溝通，從「心」開始

　　當然，你還要注意，在與不熟的人交流時，不要表現得過於積極，在平等的基礎上，深入了解對方的習性、品味之後，再去讚美對方，會更加可靠與真實。所以，善用高明的讚美，避免蠢人的獻媚，就要學會講究方式方法。

第五章
人人都愛幽默的人，
能讓人笑你就贏了

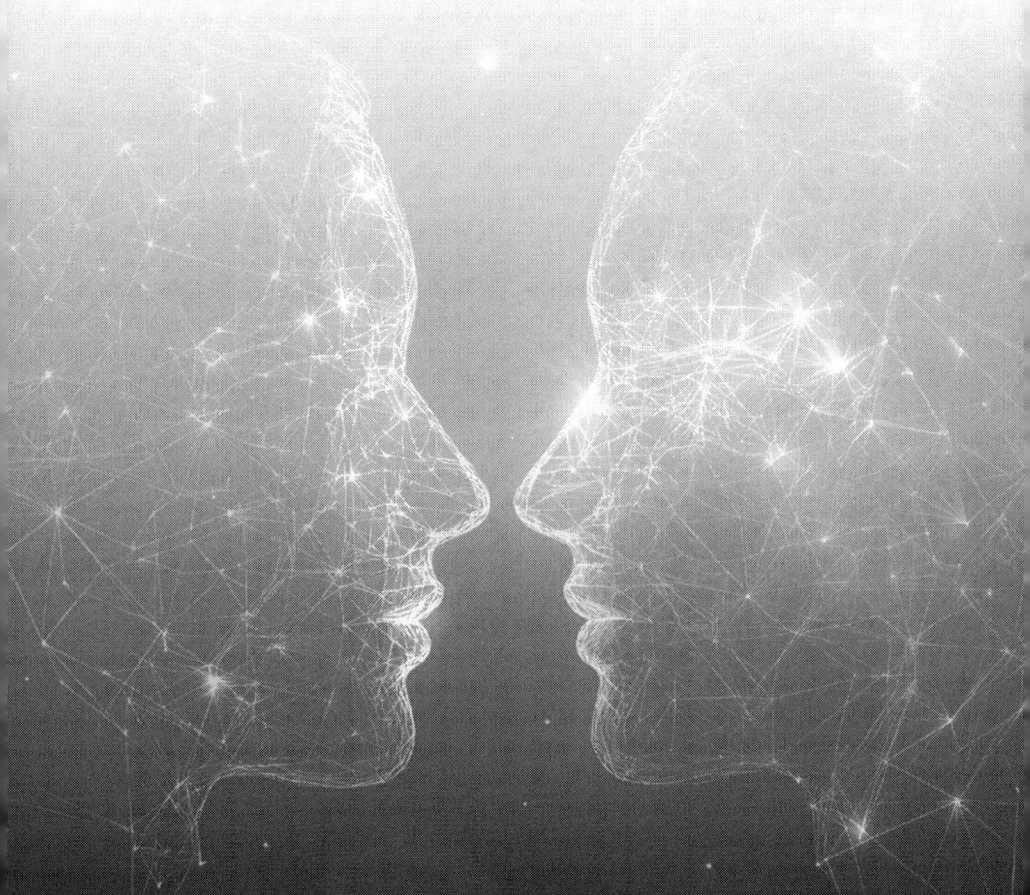

第五章　人人都愛幽默的人，能讓人笑你就贏了

記住，善談者必幽默

幽默是展示一個人的談吐和內涵不可缺少的性格素養。幽默的人往往深具內涵，能夠輕鬆自然地發揮才華；幽默的人常常內心豁達，時時可以保持樂觀進取的處世態度；幽默者靈活通達，面對尷尬的局面時不會機械呆板地手足無措，而是用智慧化解不利的局面；幽默的人社交廣泛，他不僅能夠利用幽默調整好自己的心態，更擅長運用幽默拉攏人心獲取他人的好感。幽默的人未必善談，然而善談的人一定幽默。

培根（Francis Bacon）說：「善談者必善幽默。」幽默是善談的人的重要素養之一。幽默透過自覺運用影射、諷喻、雙關、對比、誇張等多種修辭手法，以表面滑稽形式的逗笑，來含蓄地揭示生活中的真相。顯然，幽默的談吐是說話人的思想、學識、智慧和靈感在語言運用當中的綜合體現，是智慧閃現的耀眼的火花。

有一次，紀曉嵐陪著乾隆皇帝一路南行。由於天氣炎熱，乾隆皇帝和紀曉嵐都走得口乾舌燥。路上，他們看見一棵梨樹。紀曉嵐眼疾手快地上前，摘下一顆梨子，自己吃了。

乾隆見狀，生氣地問：「孔融四歲就知道讓梨。你摘了梨連禮讓都不禮讓，便自己吃了？」

紀曉嵐笑著說：「梨者，離也。臣奉命伴駕，不敢讓梨。」

乾隆說：「那你跟我分吃，也好啊？」

紀曉嵐又說：「哪敢與君分梨（離）呀？」

聽到紀曉嵐這樣說，乾隆無話，也沒再追究。又走了一段路，他們看見有一棵柿子樹。紀曉嵐找了一顆熟透的摘下，切成兩半分給乾隆吃。乾隆邊吃邊問：「怎麼這柿子就可以分吃了呢？」

紀說：「柿者，事也。臣伴君行，有事（柿）共參（餐）嘛！」

在生活中，我們也經常會遇到很多善談者，他們知識淵博、談吐幽默，在舉手投足間流露出自己的涵養。他們的幽默和風趣並非一蹴可及，是在後天透過累積訓練養成的。要想成為具備幽默感的善談之人，在平時就要多涉獵自己的所見所聞，豐富閱歷，把生活中的情趣和語言的藝術結合在一起，久而久之就會具備幽默感。

雷根（Ronald Reagan）在擔任美國總統時，有一次在白宮鋼琴演奏會上發言，他的夫人南希（Nancy Reagan）不慎連人和座椅一起跌落到臺下。觀眾席上發出一片驚呼。雷根確認夫人沒有受傷之後，輕鬆地說：「親愛的，我告訴過妳，只有在我沒有獲得掌聲的時候，妳才應該這樣表演。」臺下爆發出一陣熱烈的掌聲。

本來是一件頗為尷尬的事，然而雷根在危急時刻，卻巧妙使用他的風趣和幽默化險為夷，甚至取得了「化腐朽為神奇」的效果，表現出他的機智和豁達，更展露了一位公眾人物過人的綜合修養。

第五章　人人都愛幽默的人，能讓人笑你就贏了

幽默是社會活動的必備禮品，是活躍社交場合氣氛的最佳調料。它能為人們增添歡樂，輕鬆地拂去可能飄來的絲絲不快，還能巧妙得體地為自己或他人擺脫窘境，這就是幽默的魅力所在。

蕭伯納（George Bernard Shaw）是英國傑出的語言大師。在一次宴會上，一個大腹便便的資本家傲慢地對蕭伯納說：「你好啊，蕭伯納先生！我一見到您啊，就立刻知道了現在世界上正在鬧饑荒啦。」蕭伯納沒有表現出生氣的樣子，反而慢條斯理地說：「先生您好，我一見到您，就立刻知道了世上正在鬧饑荒的原因了。」

幽默感是交際的必殺神器。正如上述事例中蕭伯納的一句名言：「幽默就像馬車上的彈簧，沒有它，一塊小石子就讓你感覺很顛簸。」在與周遭的人交流的過程中，如果在言談舉止當中沒有一定的幽默感，很容易就會出現比較沉悶的氛圍，有時候還會遭遇冷場。這個時候，用一點幽默讓談話氣氛活躍，讓人在笑聲當中緩解生活的壓力。毋庸置疑，一個具有幽默感的人，很容易受到他人矚目。

幽默是種含而不露的語言藝術。在日常生活中能散發出這樣的智慧之光，真是絕妙！善談的人通常是對生活懷有熱愛的，他們閱歷豐富是因為他們對世界抱有孩童般的好奇心。幽默，是一種可以培養的特質。富有幽默感的人不但能看到生活中美好的一面，更能給別人帶來快樂。

糖衣包砲彈，幽默藏機鋒

比起滔滔不絕、氣勢壓人的慷慨陳詞，幽默或許缺少那種震懾人心的磅礴氣勢；比起語重心長、娓娓道來的春風化雨，幽默或許沒有正襟危坐的嚴肅風格；比起風花雪月、兒女情長的柔情蜜語，幽默絕對不會讓人無病呻吟地傷春悲秋……但是幽默的力量無可取代。它可以僅僅憑藉幾個詼諧的手勢，幾句機智的話語，就能達到化干戈為玉帛的神奇作用。這就是糖衣包砲彈，幽默藏機鋒的魅力。

在生活中，我們難免會遇到這樣的情況：當別人的談吐或行為觸及到了自己的底線，如果當面直接表達自己的憤怒和不滿，會讓雙方「撕破臉」；如果隱忍不說，既無法讓對方知道他的言行不妥，自己心裡又「難以下嚥」。這個時候，就可以把糖衣砲彈的幽默投給對方。這就是幽默的力量，它能達到那些「直來直往」的方法無法發揮的效果。

某一天，卓別林（Charles Chaplin）走在路上，身上帶著一大筆剛從銀行領出來的現金。忽然，從路邊的樹叢裡躍出一個戴著口罩的強盜。強盜拿出手槍，用凶狠的語氣威脅卓別林，要他把身上的錢全都交給他。卓別林看了那個強盜一會，表現出害怕的樣子，顫抖著答應了強盜的要求。卓別林小聲對強盜說：「這錢是幫我主人領的，他會要了我的命！請您在我帽子上

第五章　人人都愛幽默的人，能讓人笑你就贏了

開兩槍，讓我回去向我的主人解釋！」

兩聲槍響之後，卓別林的帽子上多了兩個彈孔。「太感謝您了！」卓別林激動地說，「再在我的衣襟上開兩槍吧！」強盜又照做了，卓別林的衣襟也「慘遭毒手」。「我現在就把錢給您。請您再在我的褲腿上打兩個洞，謝謝您了！」蒙面強盜很不耐煩，然而為了趕快拿錢逃跑，他又在卓別林的褲腿上開了兩槍。這時候，卓別林知道強盜的手槍裡子彈用盡了，便飛起一腳把強盜絆倒，用最快的速度逃跑了。

在人際關係中，我們每個人都免不了會有表達自己不滿的渴望，但如何用幽默的談吐表達出來，既能自保又不讓對方尷尬就成了難題。此時我們不妨拿其他熟知的事物作比，想必對方能夠聽出你的弦外之音。

畫家張大千一直以來長鬚飄飄，以講話詼諧幽默著稱。有一天他與友人相聚，酒桌上大家都在嘲笑留有鬍子的人。

張大千是留長鬍子的，免不了被調侃。但他並沒有生氣，而是沉默地聽大家一個個講完。輪到他發言，他清了清嗓門，也說了一個關於鬍子的故事。

「三國時期，關羽的兒子關興和張飛的兒子張苞跟隨劉備率師討伐吳國。他們兩個為父報仇心切，都想爭當先鋒，這使劉備左右為難。沒辦法，他只好出題說：『你們比一比，各自說出自己父親生前的功績，誰的父親功大誰就當先鋒。』張苞一聽，不假思索順口說道：『我父親當年三戰呂布，喝斷壩橋，夜戰

馬超，鞭打督郵，義釋嚴顏。』輪到關興，他心裡一急，加上口吃，半天才說了一句：『我父五縷長髯……』就再也說不下去。這時，關羽顯聖，立在雲端上，聽了兒子這句話，氣得鳳眼圓睜，大聲罵道：『你這不孝子，老子生前過五關斬六將之事你不講，卻專在老子的鬍子上做文章！』」在座的無不大笑。

張大千巧妙地套用了關於鬍子的幽默故事，不僅使自己擺脫了「眾矢之的」的困境，而且也反擊了友人善意的嘲弄。試想，張大千如果在這個時候惱羞成怒，不但會影響個人的形象，還可能會傷害到多年的友情。他機智地用了類比的方式表達了不滿，讓友人既知道了自己的言辭之失，又不得不佩服張大千的幽默。

不論揶揄也好，戲諷也好，充滿同情憐憫也好，純屬荒誕古怪也好；幽默的意趣必須是發自內心湧出。所以，糖衣砲彈式的幽默並不是簡單地賣弄才學，而是需要透過社會閱歷和自身學識文化的累積運用到生活中去。

人們的語言方式、對話語程度的掌握和理解各有不同，所以就算是糖衣砲彈的幽默，也要在適當的場合使用。因為幽默裡暗藏機鋒，又有些含沙射影，所以如果身邊有心思敏感的人士，就需要有意識地避免「傷及無辜」，不要破壞了自己的人際關係。友善的幽默能夠表達人與人之間的真誠、友愛，拉近人與人之間的感情距離，是你和他人建立良好關係不可缺少的技巧。

第五章　人人都愛幽默的人，能讓人笑你就贏了

　　暗藏機鋒的幽默還能巧妙地傳遞自己的不滿。當一個人需要把別人的態度從否定變為肯定時，暗藏機鋒的幽默具有很強的說服力；蘊藏著人生哲理、妙趣橫生的幽默，既可使人思想樂觀，心情愉快，又能為我們輕鬆地解決問題。所以當我們面臨問題左右為難時，不妨使用糖衣包砲彈，幽默藏機鋒的技巧去解決。

瞅準時機，幽他一默

　　幽默，絕非單純地搞笑、講笑話。幽默，可以折射出一個人的機靈與睿智，可以體現一個人的判斷力和反應力，同一個人深厚的修養和深刻的思想所沉澱下來的智慧密切相關。生活平淡如水，不妨看準時機，幽他一默。

　　雖然我們人人都希望聽到幽默的話語，也希望自己能夠具備幽默的素養。但是其實幽默也是要分場合、把握時機的。時機沒有恰當地把握住，反而會「失之毫釐，差之千里」。因為幽默必須要適應情勢，在特定的場合與時間點，才能起到取悅心靈、調節氣氛的作用。

　　與人交流時，該幽默的時候要把握時機，不要浪費機會。最合適的時機常常是稍縱即逝，錯過了最好的時候，幽默的

效果就要大打折扣了。另外，還要懂得當你發現對話已有氣氛凝結的趨勢，最好巧妙地使用幽默換個話題，改變一下談話氣氛。無論如何，幽默是沒有固定模式可循的，在展示幽默之前要注意對方的性別、社會地位、職業、個性等。幽默因人而異，因此忌諱千篇一律。

當我們與人交流時，需要拿捏好分寸。在談話陷入無聊和乏味的時候，一句幽默的話不僅能活躍交流的氣氛，還會給對方留下好的印象，從而促使談話順利進行下去。

幽默需要張弛有度、需要時機的把握，每個經驗豐富的喜劇演員都知道自己在沒能引得聽眾發笑時應該做什麼。有時候一些笑料在當時的情境下說出來效果不佳，有時候自己覺得很有趣味的話在別人聽來未必可樂，所以恰當地掌握幽默的使用效果，就是一件相當重要的事了。

一對很相愛的夫妻，結婚後卻經常為一些雞毛蒜皮的事吵架。一次激烈的爭吵過後，女的說：「我的天啊，這還像是個家嗎！我一秒鐘也待不下去了！」說完，她就提起裝了衣物的行李箱奪門而出。

她前腳剛出門，男的隨後也叫了起來：「等等我，我們一起走！天哪，這樣的家有誰能待得下去呢！」

男的也拎起自己的箱子，快步追上妻子，並把她手中的行李箱接過來。結果，他們不知在哪轉了一圈，又一起回家了。進家門時，他們的神情像剛剛度過蜜月一樣。

第五章　人人都愛幽默的人，能讓人笑你就贏了

生活永遠是一個複雜而深邃的話題，曾有文學家將生活比喻成「五味瓶」。生活呈現的方式是千姿百態的，幽默的模式自然也不能流於單一。

幽默，是說話者和傾聽者的巧妙配合。當別人妙語連珠的時候，你只需要注意傾聽，以聽眾身分來觀察學習。在對方得意地發揮幽默之時，靜靜地學習對方的長處，了解對方的個性，一樣能拉近談話者雙方的距離，還會令對方賞識善於傾聽的你。

所以，看準機會去展現幽默，也是需要洞察情勢、見機行事的。面對不同的人要用不同的應對方式，開玩笑的內容也要因人而異。例如在比較嚴肅認真、注意個人形象的人面前，過於浮誇的玩笑不但取悅不了對方，還會顯得自己搞不清楚狀況。如果你是一個不太會開玩笑的人，笨拙的語言、單調的表現會使氣氛更加尷尬。所以無論面對何人、何種場合，合理、合適才是幽默的關鍵。

巧用幽默，讓對方碰一碰釘子

隨著社會的發展，我們面臨的競爭與壓力越來越大，每個人的性格不同、經歷不同，造就了不同的處世態度，有的人被磨平了稜角變得圓滑，有的人為了避免衝突選擇忍氣吞聲。其

實,如果我們能夠學會巧用幽默,在不用撕破臉的情況下也可以讓對方碰一碰釘子。

幽默既可以調節氣氛,也可以用來諷刺。在避免發生衝突的情況下,幽默的殺傷力也可以達到讓對方無法反駁的目的。在生活中,我們經常會遇到一些違背規則、人格低下的人,大多時候我們都會本著「多一事不如少一事」的原則選擇「事不關己高高掛起」,但是當對方的行為觸及了我們的底線時,為了避免正面的衝突,我們可以選擇用幽默來點醒對方。

晚清是個被諸多打壓的時代。在特殊的時代背景下,外交官之難為,可見一斑。一次,張之洞奉命設宴招待日本國駐華使節橫露。驕傲自大的橫露自認為對中國文化頗為精通,對對聯也有自己的見解。他夜郎自大、陰陽怪氣地說了一副上聯:「日本東來,光照大清一統。」這句上聯字裡行間透露著對清朝的鄙視與嘲諷,那種侮辱的態度在外交史上十分罕見。張之洞聽後十分震驚和憤怒,但他卻強壓怒火。在外交場合,最忌諱言語的爭論,若是爭得面紅耳赤,會失了泱泱大國姿態。只見張之洞氣定神閒地端起酒杯,喝了一口,鎮定但又信心百倍地高聲對出下聯:「天朝上看,氣貫全球五洲。」

張之洞的對句對仗工整,妙趣天成,氣魄宏大,橫眉冷對,從氣勢上鎮住了橫露的自大。橫露聽後,滿心不悅,卻又說不出話來,無法反駁。面對對方的惡語相向,張之洞用自己的機智和學識巧妙地進行了回擊。

第五章　人人都愛幽默的人，能讓人笑你就贏了

在人際關係中，當遭受了不公平的對待，首先要保持冷靜的態度，這樣你才有機會思考回擊對方的方法。幽默的優勢，就是在這樣的半真半假中，既保護了自己，又不至於讓雙方陷入徹底斷交的境地。同時，也能成為維繫友情的「潤滑劑」。

蕭伯納（George Bernard Shaw）和邱吉爾（Winston Churchill），都是19世紀英國響叮噹的人物。兩個人交情不淺，但都有些驕傲自大，因此常常「針鋒相對」。有一次，蕭伯納派人送給邱吉爾兩張自己劇作的演出門票，並附上了一封信件：「親愛的溫斯頓爵士，現奉上戲票兩張。希望閣下能帶一位朋友前來觀看拙作《賣花女》（*Pygmalion*）的首場演出，假如閣下這樣的人也有朋友的話。」

蕭伯納的這封信，其實是在嘲笑邱吉爾，特別是「這樣的人」這一字眼更顯示出蕭伯納的「司馬昭之心」了。邱吉爾見信後，明白了蕭伯納的意思，馬上予以回覆：「親愛的蕭伯納先生，蒙賜戲票兩張，謝謝！我和我的朋友因有約在先，不便分身前來觀看《賣花女》的首場演出，但是我們一定會趕來觀賞第二場演出，假如你的戲也會有第二場的話。」

邱吉爾的回信實在高明，他套用蕭伯納來信的語言形式，做出了假設「假如你的戲也會有第二場的話」。邱吉爾的回信是在諷刺蕭伯納：你這樣低等級的演出，是不會有第二場的。邱吉爾用機智幽默的語言，巧妙地回擊了蕭伯納的奚落，為後人留下了一段經典的幽默事蹟。

在現實生活中,面對他人不懷好意的嘲諷,我們大多數人在暴怒之下,都做不到機智、幽默又不失分寸地回擊。其實,最簡單的方法是抓住對方語言的漏洞予以回擊,或者直接接過對方的嘲諷,轉而自嘲,然後誇獎對方在這方面做得很好,讓對方心生慚愧。例如,對方諷刺你長得醜,那麼你可以把對方比作沉魚落雁的西施,對方肯定會如鯁在喉。

在生活中,受到別人言行的冒犯是無法避免的事。這時候,我們如何反應,就體現出我們的修養和氣度來了。巧用幽默,讓對方碰一碰釘子,也是我們為人處世不卑不亢的最好體現。幽默感這種特質是需要在生活中累積的。當我們具備了保護自己、取悅他人的能力,會讓我們的生活變得美好與自由。

尷尬時,用幽默贏取好感

具有幽默感的人,在日常生活中往往都有比較好的人緣。幽默總是能快速提升溝通的效率,贏得對方的好感和信賴。幽默常會帶給人歡樂,在交談雙方之間發生一些齟齬的時候,幽默的運用有助於消除敵意,緩解摩擦,防止矛盾增加。幽默不僅可以使當事人從尷尬中解脫,化煩惱為歡暢,而且還可以化干戈為玉帛,使當事人平息激動的情緒回歸理智,使彼此重拾

第五章　人人都愛幽默的人，能讓人笑你就贏了

默契，增進感情。

　　現實生活中，我們看到了太多這樣的場景：雙方爭論激烈、劍拔弩張、僵持不下，但往往因為其中一方的一兩句幽默的話語，就可以使爭執的雙方啞然失笑、握手言和。在比較枯燥單調的工作場合，也往往因為某個人偶爾的幽默之語，打破了沉寂乏味的局面，活躍了人們疲憊麻木的神經，從而營造了一種生動活潑、健康風趣的氛圍。所以當我們身處尷尬的境地時，不妨用幽默的話語去化解當時的氛圍。

　　宋朝的石中立生性詼諧幽默。他的父親正是北宋名相石熙載。有一次，西域進貢了一頭獅子，這頭獅子被關在御苑中，每天大約要吃掉 7.5 公斤羊肉。有一天，石中立與幾個同僚在看獅子時，有人感嘆道：「那野獸，每天給這麼多吃的，我們一天俸祿才只有幾公斤肉，人反而不如野獸了。」同僚們紛紛感慨自己的待遇低。石中立聽了，為了緩解尷尬的局面，笑著說道：「你還不知足？要知道那是『苑中獅』，我們是『苑外狼』（員外郎），獅子和狼怎麼能比呢？」結果同僚們都捧腹大笑，原本愁眉苦臉的那位同僚，眉頭也舒展了不少。

　　石中立的一句巧妙的話，既緩解了當時大臣們的尷尬，又安撫了同僚憤憤不平的心理，可謂是一舉兩得。由此可見，無論是在日常生活中，還是在重要的社交場合，幽默的重要程度都是不容小覷的。在我們與人交談時，幽默的談話不僅能吸引聽者的注意力，而且還能與聽者建立起親密的關係。如果因為

自己的一句機靈的話語，聽者情不自禁地笑了起來，就表明對方已經進入到了你的語境之中，你們之間的交流品質自然就會有所提升。

孫鎮濤個子比較小，快要三十歲了還沒找到女朋友。一天午飯過後，辦公室裡幾個同事在一起聊天。同事們沒心沒肺地聊開了：「小孫，現在的女孩子哪個看得上他！」「話不能說這麼絕，很多人條件不怎麼樣，還不是娶到了老婆！」

「哈哈，如果他去打籃球，那該多好玩⋯⋯」正在這時，裡面辦公室的門開了，走出一個年輕人，正是被大家嘲笑的孫鎮濤！原來他中午加班，聽到了大家的議論。一時間，雙方都十分尷尬。只見孫鎮濤不但沒有生氣，反而笑嘻嘻地說：

「是啊，我當不了籃球運動員了，可是論打羽毛球你們誰是我的對手？下象棋，全公司誰下得過我？蘇聯第一個太空人，千挑萬選，還專門挑了個矮子加加林（Yuriy Gagarin），太高還不行呢！再說了，哪天天塌下來，還有你們高個子替我頂著呢⋯⋯」

孫鎮濤的一席話，維護了自己的尊嚴，也緩解了同事們的尷尬。大家說笑著，還有人拍胸脯說一定要幫這麼優秀的孫鎮濤介紹女朋友。

孫鎮濤針對別人說的對自己不利的話，發表了一番不卑不亢的自我調侃。不僅是對同事們嘲笑的含蓄回擊，而且是對自己能力和人格的肯定，話中展現著大度、自信與自尊的光芒，

第五章　人人都愛幽默的人，能讓人笑你就贏了

　　讓人不得不心生敬意。如果孫鎮濤氣急敗壞地與同事爭執，不僅尊嚴掃地，還會徹底與同事撕破臉。這樣會使他在日常的工作當中處於尷尬不利的境地。正是因為孫鎮濤敢拿自己的缺點自嘲，才真正表明了孫鎮濤具有自信與聰穎的素養。

　　在人際關係中，總是不免有一些「意料之外」的事件發生。但是唯有幽默是化解尷尬、調節氣氛的唯一技巧。在生活中我們不難發現，無論是男人還是女人，只要是自身具有幽默感，走到哪裡都會受到歡迎與喜愛。幽默可謂是贏取好感的一條捷徑，所以要想成為受歡迎的人，就要適當地學點幽默感。

　　幽默感需要靠平時的逐漸累積。在平時的生活中，要保持著愉悅的心情，保持對事物的新鮮感，多累積富有趣味性的素材，在與人交流時適時運用。如果沒有那麼多的閱歷，甚至可以對自己加以適度調侃，比如自己經歷的尷尬事情等都可以成為交流時的笑談。

　　面對生活中可能引起麻煩的事情，我們要學會藉助於幽默，共同歡笑一場，就能把這件麻煩事徹底「推翻」，而不至於過分憂慮和不悅。以輕鬆的態度對待麻煩、共享歡樂，會讓生活中的灰暗盡快飄遠。

幽默式批評，能盡贏人心

人們都對這句話不會陌生：「良藥苦口，忠言逆耳。」話雖如此，可是每個人都是有自尊、愛面子的，如果你對別人加以批評時毫無技巧，只圖一時口舌之快，到頭來別人非但不領你的人情，反而會對你產生厭惡和反感。其實我們大多數人都不懂批評的藝術，在批評別人時容易傷及別人的自尊心，因而批評的效果大打折扣。在批評對方時，與其滿腔真誠而不得法，從而達不到預期的反應，不如用幽默式的批評來贏得人心。

幽默式的批評能在維護對方自尊心的前提下，讓對方適時發覺到自己的錯誤。輕鬆幽默的語氣不會增加對方緊張和對立情緒，反而會襯托出批評者的機智與用心良苦。很多時候，那些錯誤的做法都是無心之舉，很可能在你批評對方之前，對方還沒有意識到自己的錯誤作為。突如其來的具有壓迫感、嚴苛的批評會增加對方的反抗心態。一旦你過於犀利的話語突破了對方的忍耐極限，交流雙方就可能會發生爭執與衝突。而幽默式的批評不僅不會使對方反感，而且還會拉近你與對方的距離，讓對方心甘情願地接受你的批評。

東方朔知道晚年的漢武帝常常希望自己長生不老。有一天，漢武帝對他說：「相書上說，鼻子下面的『人中』愈長壽命就愈長，『人中』長一寸，能活一百歲。不知是真是假？」東方朔聽

第五章　人人都愛幽默的人，能讓人笑你就贏了

了這話，沒有立即回答，而是臉上露出一絲嘲諷的笑容。漢武帝見東方朔默不作聲，而且還嘲笑他，不禁龍顏大怒，說道：「你這是在嘲笑我嗎？」

東方朔收起笑容，一本正經地回答：「我怎麼敢嘲笑陛下呢？我是在笑彭祖的長相實在是過於難看了。」漢武帝不解：「你為什麼要嘲笑彭祖？」東方朔說：「史書上記載，彭祖活了八百歲。如果真像陛下說的一寸『人中』活一百歲，彭祖的『人中』就該有八寸長。那麼，彭祖的臉豈不是太難看了嗎？」漢武帝聽了也哈哈大笑起來。在這個故事裡，東方朔憑藉自己的幽默風趣，以嘲笑彭祖之名來諷喻皇帝。整個批駁風趣詼諧，讓正在氣頭上的皇帝也不禁哈哈大笑起來。

東方朔以幽默的比喻讓漢武帝意識到自己的過錯，既保全了漢武帝的面子，又達到了勸諫的意圖。在現實生活中，不論是自上而下的批評，還是同級同僚的建議，用幽默詼諧的方式達到批評的意圖是最明智的。批評人是一件容易「吃力不討好」的事情，如何巧妙地讓否定的話說出口，就要看對方幽默的「功力」了。

某機場的售票櫃檯，旅客們正在秩序井然地排隊等候購買機票。正在這時，一位衣冠楚楚的紳士走來，拿著手杖，裝扮看起來十分得體。然而與他的外觀不符的是，紳士無禮地擠到隊伍最前面，一邊大聲叫喊著服務人員動作太慢，耽誤了他的時間。

那位無禮的男士口沫橫飛:「你們知道我是誰嗎?」一邊說,一邊朝著服務人員憤怒地揮舞著拳頭,擺出一副唯我獨尊、不可一世的傲慢樣子。

服務人員見狀,平靜地把臉轉向一邊,對櫃檯裡其餘的工作人員說:「這位先生需要我們幫助回憶一些很重要的事情。他有點健忘,已經不知道自己是誰了!」

服務人員又面朝排隊買票的旅客們問:「你們有誰能幫助這位先生回憶一下嗎?他已經忘掉了自己是誰了。」服務人員的話語引起人們的一陣鬨笑。那位「紳士」羞得滿面通紅,只得悻悻地回到隊伍末尾,老老實實地排隊。

售票員運用幽默式的批評讓對方羞愧。那位紳士說話的本意十分明顯,他是在炫耀自己的身分,妄圖以此壓服售票員。但售票員偏偏假裝聽不懂他的話中深意,偏偏從他問話的字面來理解,隨口講出兩句使眾人發笑、讓紳士極為狼狽的話來。這種幽默的語言既避免了正面的衝突,又讓對方知難而退。帶有幽默意味的批評是我們需要學習的。

處世的學問不是一朝一夕講得清楚的。即使有些批評本來是公正有理的,但如果選的時間、地點不對,效果會截然相反。比如,某人被老闆當著其他同事的面公開批評,他一定會感到羞憤窘迫,甚至是不滿、憤怒。事實上,他最先想到的是同事們因為這件事會戴著怎樣的有色眼鏡看他,而不會注意到老闆所講的內容中有價值的部分。當著不相干的第三者或眾人

第五章　人人都愛幽默的人，能讓人笑你就贏了

之面直接批評某人，不僅使被批評者沮喪或氣惱，還可能會使在場的每個人都感到尷尬，擔心「下次會不會輪到我」，從而與你在心理上產生疏遠感，等於是批評一個，得罪一群人。而幽默式的批評僅僅是點到為止，就可以避免他人心生恨意。人們在輕鬆愉悅的環境中不會產生更多的擔憂與不滿，只要不觸及底線，幽默的方式會贏得人心。

用幽默來與對方巧妙周旋

在生活工作中，我們經常會遇到一些麻煩與難題，使我們陷入為難的境地。當我們在面對一時間難以解決的衝突和刁難，不如學會用幽默的方式來與對方周旋，在取得對方的好感後，再慢慢尋求進一步解決的方案，這樣就不至於讓自己陷入尷尬的境地。因為越是在尷尬的環境當中，幽默越能展現出它調節氣氛的作用。而且幽默能夠讓一個人充分發揮出個人魅力。可以說，一個魅力越大的人，做事情的成功率也就越高。

在與人交流的過程中，我們會遇到形形色色的人。也許他們的性格、社會地位都不同，但是卻沒有人能拒絕幽默為自己帶來的愉悅。幽默不僅能調節氣氛，在關鍵的時刻還能幫助我們收服人心和解決問題。面對故意刁難自己的人，運用幽默可

以讓對方暫時失去攻擊自己的興致；面對自己處理不了的問題，用幽默來化解尷尬才會更容易地被對方所接受。

袁世凱稱帝時，四川大財主金泰來在那樣一個多事之秋，妄圖透過苛扣工錢來發一筆橫財。

某日，金泰來一反常態設下幾桌酒席，把長工奴僕們叫來，說：「今天請大家吃飯，只為袁大總統當了皇帝，我們慶祝一下。為了慶祝皇帝登基，我想賞在座各位每人二百兩白銀，只是有個條件，每人要說一件我從來沒有聽過的事才行。說得好有賞，說錯了要罰一年的工錢。」

工人們一聽，立刻知道金泰來在故意苛扣工錢，紛紛在心裡叫苦連天，暗罵這個沒良心的土財主。

第一個長工是個年輕女孩子：「老爺，從前我家養了一隻鴨，一天下七個蛋，三個『雙黃』的，四個……」沒等那個小丫頭說完，金泰來一擺手說：「別說啦，我家的鴨子，一天還下過十個蛋呢！把工錢沒收。」女孩子眼中一下子蓄滿淚水，卻不敢放聲大哭。

第二個長工說：「老爺，我見過一隻狗，兩隻眼睛朝前，兩隻眼睛朝後，兩隻眼睛朝左，兩隻眼睛朝右。」「這算什麼，一邊長六隻眼睛的狗，我都見過呢！把他的工錢也沒收。」

眼見到金泰來一個個地把長工們的血汗錢悉數納入自己囊中，這時一個當奶媽的僕人自告奮勇，舉手站起來說：「老爺，奴家姓趙，聽我祖父說，他與你家曾祖父有八拜之交。論起

第五章　人人都愛幽默的人，能讓人笑你就贏了

來，你還得叫我姑奶奶呢。這件事你一定聽說過吧？」

「亂說！」金泰來眼睛一瞪，吼道：「我怎麼從來沒聽說？」奶媽笑得眼睛瞇成了縫：「老爺，既然你沒有聽說過，那就快拿二百兩白銀給我吧。」金泰來這才轉過彎來，然而出口的話覆水難收。只好叫人拿了二百兩銀子給了奶媽。奶媽把銀子分給同事們，大家一算，比原來的工錢還多好幾倍。

一個靠剝削過活的財主，從心底裡是看不起勞動者的。一個長年侍候他的女僕怎麼會成為他的「姑奶奶」呢？這是金泰來無論如何也無法容忍的。奶媽看穿了這一點，機智地將它作為戳穿財主漏洞的「武器」。

女僕的聰明之處還在於，她把故事講完後，沒有用「你沒聽說過嗎？」這種很容易引起財主警覺的問話方式。奶媽巧妙地轉了一個彎——「你一定聽說過吧！」盛怒之下的財主瞬間的衝動，使他最終中計。奶媽巧妙的周旋終於把財主繞了進去，這種幽默的做法不僅讓長工們得到了工錢，還狠狠地教訓了一下財主。

有一對夫妻，妻子非常喜歡唱歌，但唱歌的技巧實在讓人難以恭維。多少個夜晚，丈夫夜不能寐，多次勸說妻子，然而無濟於事。有一次，已是夜半時分，妻子還在那裡自得其樂地唱著「美妙」的歌曲，丈夫只好急急忙忙地跑到大門口站著。妻子看見丈夫不睡覺，反而跑到門口，不解地問：「我唱歌，你幹嘛跑出去站在門口呢？」丈夫一字一頓地娓娓道來：「我這樣做是

為了讓鄰居知道，我並沒有打妳。」

故事裡的丈夫用幽默的方式表達對妻子的不滿。妻子乍一聽毫不介意，可是慢慢回味，對丈夫的言論哭笑不得。丈夫的回答，本意則是在諷刺妻子唱得難聽，好像被打得慘叫一般。眾所周知，越是親近的人，說話越是容易傷害到對方。而丈夫這句話說得足夠幽默與睿智，既讓妻子意識到自己的問題，又能讓妻子感受到自己的幽默而不傷害夫妻的感情，實在是一舉兩得。

在我們與他人交流時，遇到如鯁在喉，卻又不得不表達的憤怒，兩全其美的辦法就是用幽默的方式委婉地表達自己的意圖，這樣既能逗別人開心，又能在開玩笑時把問題解決。比起直言不諱地回答，幽默的周旋會使我們的人際關係更加和諧。

第五章　人人都愛幽默的人，能讓人笑你就贏了

第六章
溝通力就是成功力

第六章　溝通力就是成功力

面對難搞的人，善用「馬屁」政策

儘管在日常的生活當中，我們不喜歡拍馬屁、阿諛奉承之人，但是面對不同的人、不同的場合，適當的讚美與恭維卻能讓我們搞定難以應付的人。善用「馬屁」政策，不吝溢美之詞，是一種難得的能力。我們如果能用幾句好話就能達到目的，那為什麼還要繞遠路呢？

「馬屁」政策也是要講究技巧的。一位作家用幽默的筆觸談論了「拍馬屁」的三重「境界」：一個成功的「馬屁」要拍到讓對方毫無察覺，達到「潤物細無聲」的地步才叫成功的拍馬之術，此為上等。如果讓對方發現了「馬屁」的痕跡，那他的功力還欠佳，如果有旁人在場，拍馬屁者還落得為人不齒的尷尬境地，那麼這個馬屁境界次之。如果當事人準備「拍馬」時沒找準對方的需求，拍到馬腳上了呢？恐怕不僅無法收穫到想要的結果，還會遭受「馬蹄」的踩躪，此為下等。「馬屁」的使用是要區分場合、拿捏火候的，個中妙處需要自己親身去領悟。

明太祖朱元璋微服私訪，沒想到半道上遇上彭友信。當時恰好是雨過天晴，一道亮麗的彩虹出現在天邊。朱元璋看到美景，心情大好，饒有興致地即興賦詩一首：「誰把青紅線兩條，和風和雨繫天腰？」

彭友信的眼珠「骨碌碌」地轉了兩下，恭恭敬敬地應和道：

「玉皇昨夜鑾輿出，萬里長空架彩橋。」大意是說朱元璋是「玉皇」，連天邊都為他架起彩虹。朱元璋聽後，龍顏大悅。翌日，彭友信就被封為布政使。

解縉在歷史上也是個阿諛奉承之人。這天，解縉陪著朱元璋在御花園的池塘釣魚。解縉釣魚的技術好，接連釣了幾條大魚，而朱元璋釣了半天則一無所獲，場景有些尷尬。

解縉慌忙解釋道：「皇上，您沒發現魚也知禮節嗎？」朱元璋聽了，好奇地問道：「這話怎麼說？」解縉搬出一首詩：「數尺絲綸入水中，金鉤拋去蕩無蹤。凡魚不敢朝天子，萬歲君王只釣龍。」朱元璋哈哈笑起來。

雖然故事裡的兩個拍馬屁者皆為阿諛奉承、諂媚之徒，但是我們可以看出他們拍馬屁的技巧可謂是「上等」，他們及時地抬高了對方的身價地位，自然讓對方留下了好的印象。自古以來，每個人都喜歡聽好話，尊重的語氣、誠懇的誇獎能讓人心情愉悅，當對方對你產生好感，那麼即使再難搞的人也會留幾分面子，給你成功的機會。

在與人交流中，面對難搞的人，想要將「馬屁」法運用得恰到好處，就要善於找到對方的優點。這需要我們在平時有一顆寬容的心和一雙善於發現的慧眼。如果你總是習慣於對別人挑三揀四，或者乾脆就是完美主義者，那麼你可能很難找到對方的優點。所以在平時我們不要吝嗇讚美之詞去誇獎別人，適時、適度地滿足一下對方的虛榮心，可以讓我們在交際中游刃有餘。

第六章　溝通力就是成功力

　　李宇林本是一個總監，跟隨著副總趙平仁做事，後來李宇林羽翼漸豐，加上大老闆提拔，成立事業部，自己開疆闢土去了。趙平仁的副總職位仍在，但職權一下子大為削減。照常理，一上一下，李宇林應該春風得意，趙平仁鬱鬱寡歡，也許是一來二去就有了嫌隙。趙平仁好歹也是個副總，若是得罪了他，對李宇林也沒好處。

　　心思細膩的李宇林為了這件事專門舉辦了一次活動，邀請趙平仁及部門全體員工參加，包括已經離職的，甚至包括他親手開除的，反正能聯絡上的都聯絡了。會上，大家聚坐一堂。李宇林及幾位重要員工，發表深情演說，「憶往昔崢嶸歲月稠」。講到動情處，眼圈發紅鼻子發酸，目光真誠聲音嘶啞。他講到自己是如何跟著趙平仁成長和進步的，趙平仁把他當親兄弟一般對待。現在要另立部門，沒有趙平仁為自己遮風擋雨，他倍感壓力等等。那陣勢，不像他要高升，成立獨立部門，反倒跟要拆夥一般。這反倒讓趙平仁上前殷切安慰，甚至批評李宇林太感情用事。

　　整個過程，趙平仁既得到了部門同志的認可，又滿足了自己的虛榮心，心中疙瘩煙消雲散。他對李宇林說，以後再見還是朋友，心中不用有負擔。

　　李宇林巧妙地化解了與以前上司的矛盾，既滿足了對方的虛榮心，又給了對方臺階下，讓趙平仁不至於心中有太多的不平衡。李宇林打感情牌，拍趙平仁的馬屁，既動情又誠懇，讓本來很難處理的關係瞬間明朗化，實在是深諳處世之道。我們

在與上司、同事、朋友相處時，要講究一定的技巧。看到順理成章、水到渠成的機會要推對方一把，把對方抬到高於自己的位置上，這樣才能讓對方留下好印象。

在使用「馬屁」法時，一定要看準時機，合理恰當地去讚美。人們不會對讚美產生牴觸情感，只會討厭馬屁拍得太露骨的。如果你能夠透過讚美動用和整合更多的資源，那麼你就是贏家！不要認為拍馬屁是有失尊嚴的事情，我們在社會中會遇到很多困難，如果能夠善於使用馬屁政策，去解決本身困難的事情，會讓我們在生活的道路上行走得更加來去自如。

求人幫忙先給甜頭

在平時的工作和生活當中，我們在遇到困難時，經常很固執地為了所謂的自尊心，不願意開口求人，認為那樣就會丟了面子，承認自己比別人差。事實上，「萬事不求人」的高傲心態恰恰顯示了一個人內心的脆弱。要知道，學會向社會低頭，與自身的道德和氣節毫無關係。當走到一個很低矮的門前，如果你抬頭挺胸地過去，腦袋肯定會撞出一個包。明智的做法只能是彎一下腰、低一下頭，如同求人幫助時表現的低姿態，能讓你的人生更加順利。其實在大多數時候，我們表現出來的低姿

第六章　溝通力就是成功力

態只是一種表象，只是為了讓對方心中感到一種滿足，使對方願意幫助自己。人們要學會在適當的時候保持適當的低姿態。這絕不是懦弱的表現，而是一種智慧。

在求人幫忙時，一定要把所謂的高傲和自負的態度全都拋棄，這樣對方才會感覺到你真誠的態度，讓對方不對自己產生厭煩的情緒。求人辦事需要先給甜頭，要學會說好聽的話，做有誠意的事。你越表現得謙虛、平和、樸實、憨厚，甚至愚笨、畢恭畢敬，越能使對方感到自己受人尊重，比求助的人聰明。當你在對方洋洋得意的時候，抓住時機請求對方，對方的英雄主義的情懷就會體現出來，那麼接下去的幫助就會顯得水到渠成。

曹操在官渡大戰的時候打敗了劉備，劉備只得去投靠劉表。曹操想要在這個時候「趁火打劫」，得到劉備的得力謀臣徐庶。他對孝子徐庶謊稱他的母親病危，讓徐庶立刻去許都。徐庶離開前特意交代劉備，臥龍崗有一位叫諸葛亮的奇才。如果能得到他的輔佐，得到天下就指日可待了。

第二天，劉備就和關羽、張飛帶著厚禮，到南陽去拜訪那位徐庶口中的「奇人」。誰知諸葛亮當時剛好出門遠遊，書僮說不知道先生何時歸來。劉備一行人只好先行告辭。

不久，劉備又和關羽、張飛冒著暴風驟雪，第二次去請諸葛亮出山。不料諸葛亮又出外雲遊去了。性急的張飛本就不願意再來，見諸葛亮又不在家，就催著兩個哥哥回去。劉備只好留下一封信，委婉地表達出請求諸葛亮出山挽救亂世局面的意思。

> 求人幫忙先給甜頭

過了一段時間,劉備特地齋戒、更衣,準備再去請諸葛亮出山。關羽憤憤地說諸葛亮派頭挺大,未必有真才實學,還不如把時間用在別處。張飛在一旁說,不如用繩子把諸葛亮綁來。劉備責備了張飛,又和兩個弟弟第三次請諸葛亮出山。當他們到諸葛亮家門前,已是日上三竿,當時的諸葛亮正在午休。劉備不敢驚動他,一直在外面站著等諸葛亮睡醒了,才和他坐下談話。

諸葛亮簡要地跟劉備分析了當時的形勢,說:「北邊曹操占天時,南邊孫權占地利,將軍可占人和,拿下西川成大業,和曹、孫成三足鼎立之勢。」劉備對諸葛亮更欽佩有加了。他再次誠懇地請求諸葛亮出山,這次兩人一拍即合。

劉備為了獲得諸葛亮的幫助,不惜三顧茅廬,不恥下問、虛心求才,他渴望人才和誠懇求助的心情讓諸葛亮感受到了他的誠意,也嘗到了受人尊重的甜頭,所以他滿足了劉備求賢若渴的心情,出山輔佐其成就大業。求人幫助,物質上的好處與精神上的甜頭,在不同的人眼裡,分量是不一樣的。後者往往占了更大的比重。會說話的人有時不用花費一分一毫就能夠把事辦得順順利利。所以求人辦事時,學會抓住對方的心態,投其所好,把話說得謙虛漂亮是成功的開始。

在求人辦事時,你越謙虛越顯得對方高大;你越樸實和氣,對方就越願意與你相處,認為你親切、可靠;你越恭敬順從,對方的指揮慾得到滿足,越認為與你很合得來。當對方對你有了好感,當他感到自己在這一方面的確比你強,榮耀感和使命

第六章　溝通力就是成功力

感就會促使他去幫助你解決問題。

李翔碩大學畢業剛剛踏入職場，便認識了一些學術界的知名人士，並且經常獲得他們的指點。很多工作多年的人想得到他們的指點往往不能如願，李翔碩是怎樣成為大師們的座上客的呢？這裡面自有奧祕。

想必在學術領域打滾的李翔碩，無疑非常仰慕這些大師。他知道拜訪大師們不容易，在每次拜訪專家前，他先把專家的著作或者專長認真研究一番，並且寫下了自己的心得。見面以後，他先讚揚專家的著作或者學術成果，並且提出自己的見解。因為他談的是大師一生從事的領域，激起了大師的興趣，從而有了共同語言。在談話中，李翔碩又提出自己不理解的地方，請大師指點迷津，在興奮之際大師無疑欣然賜教。於是李翔碩不僅達到結交大師的目的，而且增長了很多見識，並且解決了心裡的疑問。

李翔碩之所以達到了自己的目的，正是在於他能夠洞悉人心，在請教之中把他人高高「舉」起。他所請教的問題，均是大師引以為傲且最感興趣的學術領域的問題，無疑使大師們從心理上獲得了滿足。這時，李翔碩的問題也就不是問題了。把難說的話說好，辦事求人先給甜頭，李翔碩很好地運用了這一點。

學會在適當的時候，保持適當的低姿態，絕不是懦弱的表現，而是一種智慧。放低姿態既是一種態度，也是一種作為。謙恭、禮讓既是人生的一種品味，也是難能可貴的境界。為了

達到目標，展現自己的價值，只靠熱血和努力是不夠的，在適當的時候學會低頭，才能少走冤枉路。

求神要看佛，溝通要看人

我們常說，「求神要看佛，說話要看人」，面對不同的人要有不同的對待方法。生活工作中，我們難免會遇到一些難搞的人，那麼這個時候就要學會「見人說人話，見鬼說鬼話」。在我們的理解中，「見人說人話，見鬼說鬼話」是用來貶斥和形容那種沒有正義感的、趨炎附勢的人，但是當我們面對難以搞定的人時，學會隨機應變、見機行事確是人際交往中的手段。

話總是說給別人聽的，至於說得好不好，是否有口才，不僅要看話語能否適當地表達自己的思想感情，也要看別人能不能理解並樂於接受。如果面對不好相處的人，你說的話對方聽不懂，或者根本讓人提不起興趣，那麼這樣的談話就不要勉強繼續下去。在與人交談時要盡量觀察到對方的喜好和性格。假如他喜歡委婉，你就說些隱晦的話；假如他喜歡率直，你就說些直接的話；假如他崇尚學問，你就說點高深的話；假如他喜歡談些瑣事，你就說點淺顯的話。這就是我們常說的「求神要看佛，說話要看人」。實際上只要你能抓準對方心中喜好，交談就

第六章　溝通力就是成功力

會順利地進行下去。

在與人交談時，一定要根據對方的身分地位、性格愛好和其心理選擇不同的處理方式，並掌握言辭之間的分寸。一個人的語言風格，基本上詮釋了他的性格及為人處事的作風。比如，在談話中常說出「果然」的人，一般喜歡自以為是，強調個人主張；經常使用「其實」的人，則是希望別人注意自己，他們性格往往任性、倔強、自負。

發現對方語言中的微妙之處，來觀察其性格和內心活動，不失為了解他人的一個簡單迅捷的方法。除了了解對方的心態之外，還可以適當地進行揣摩。可以採取無意識地觀察和有意識地刺激對方的情緒兩種方式。透過對方無意中顯露出來的態度、姿態及反應，常能捕捉到比語言表露更真實、更微妙的想法。這樣我們就可以見機行事，把自己的訴求與對方的目的結合在一起。

魏國強是某企業的一名副科長，常常自視清高、目中無人，平時的行為舉止都是一副「唯我獨尊」的樣子。某日另一家公司的一名普通員工，登門到魏國強的公司拉贊助，魏國強接待了他。這名員工發現，魏國強雖然說話客氣，眼神裡卻帶著些許的傲慢，並且不含一絲笑意。他憑藉多年的業務經驗養成的直覺認為，魏國強這種類型是相當不好對付的。人們一跟他接觸，他就覺得有一種「威脅」存在。

但他畢竟是做過「功課」的。根據他了解，這位副科長經常

感到自己「懷才不遇」，對時運抱有很大的不滿。魏國強在社會上也算打拚了許久，能力不低，城府也頗深，所以儘管不受上司眷顧，也還是會八面玲瓏地跟別人寒暄。

一見到他，先是免不了說幾句客套話，然後說：「久仰副科長大名，聽說副科長非常有才華，您的好多事蹟我們公司的主管都知道，今天見到您，果不其然，您真是含蓄啊。」

此番話說完，看到魏國強的臉色顯然柔和了不少。這時候，這名業務用簡潔有力的話語表達了自己的訴求，這位副科長聽了進去，更重要的是，給了他嘗試的機會。

對於魏國強那樣的人，你越是囉唆他就越不耐煩。所以這個人抓住了他的這個特質，直截了當地說明了目的。在人際關係中，我們經常會遇到各色各樣的人，學會察言觀色、見機行事才能使對方不厭煩自己，從而將溝通繼續下去。

「求神要看佛，說話要看人。」做個會說話會辦事的人，我們的明天將會更加成功。

若對方與你爭辯，你就讓對方贏

在與人的交往中，我們每個人因為各自的立場、身分、家庭背景以及教育程度等各方面的不同，面對同一件事情，各自

第六章　溝通力就是成功力

的想法會不同，為人處世的方法也不同。這個時候，很容易因為觀點不一致而發生爭辯。有時候，在不知不覺中我們就將戰火點燃。我們經常在為一件事爭吵的時候，會無意識地把事件引到與之相關的人，進而對他人發起人身攻擊。無論你是出於好心想要糾正對方的「錯誤」觀點，還是只是受自己的表現欲所驅使，爭辯都是一件傷感情的事。所以，若對方一定要與你爭辯時，不要逞一時口舌之快，為了人際關係的和諧，一定要讓對方贏。

　　在與人意見不合的時候，一定要保持冷靜。想想這樣的爭辯是否有意義，對於一些根本就與你沒關係，或是無關痛癢的事情，你最好是保持沉默，讓對方去說好了。如果對方本就對你有偏見，或是根本就對你不熟悉，那麼開口之前更要謹慎，否則你在對方心中的形象會受損。所以，在與他人爭辯時善於「笨嘴拙舌」才是贏家的法則。

　　呂蒙正，字聖功，為宋太宗的宰相。他不喜與人爭辯，生性寬厚。剛任副宰相，進入朝堂時，有一位官吏在朝堂內指著他說：「這小子也來參政啊？」呂蒙正裝作沒有聽到，但朝堂上的其他人聽到後都非常氣憤，下令屬下責問那個官吏的姓名，呂蒙正制止了他們。下朝以後，同僚們依舊憤憤不平，後悔當時沒有徹底追究。呂蒙正則說：「如果知道那個人的姓名，就終生不能再忘記，因此還不如不知道那個人的姓名比較好。不去追問那個人的姓名，又有什麼損失呢？」當時所有的人都佩服呂

蒙正的度量。

呂蒙正對當眾諷刺自己的人，採取置之不理的態度，而不是採取針鋒相對，甚至懷恨在心，攻擊報復的態度，這樣既避免了激化矛盾，又得到了眾人的尊重。在人際往來中，與人爭辯不僅使自己與對方讓人看笑話，還會傷了彼此的感情，讓一些人有機可乘，挑撥離間，使誤會越積越深，影響自己的人際關係與心情。

當對方與自己辯論時，要懂得緩和對方的情緒。說話的方式有很多種，有時候說出口的話語並不一定是他人全部想表達的意思。如果話只聽一半，就急著跟人辯駁，那很可能會造成一些誤會。所以，要先讓對方把話說完，了解對方最終想表達的意思，再用先揚後抑，或是先抑後揚的說話技巧，讓對方理解你是肯定他的，那麼對方會收起對你的牴觸情感，用平和的態度和你交流。

小敏是個「心比天高」的女孩。大學畢業之後，她隻身來到大城市，在首府大學附近租了個房子讀書準備考研究所。一年之後，研究所沒有考上。小敏還是不願罷休，繼續複習再考，第二次還是以失敗告終。就在她準備第三次複習應考的時候，她的表哥王嘉明覺得一定得跟她聊聊了。

王嘉明深知表妹讀書的心酸和痛苦，他柔和地說：「考研究所這麼辛苦，妳經歷了這麼大的挫折，無論身心應該都受到了不好的影響。妳想繼續考研究所，哥哥不攔著妳，當然，我現

第六章　溝通力就是成功力

在只希望妳靜下心想一想，為什麼要考研究所？」

小敏的眼眶立刻就紅了，說：「我自己知道，我讀的大學名不見經傳。但是我相信自己只要努力，一定能圓了考上首府大學的夢。」

王嘉明接著問：「妳覺得考上了能證明自己，那麼妳想證明自己什麼呢？」

「我想證明自己是個足夠聰明的、能成功的人。」

「證明自己是個聰明的、能朝恭的人，這個出發點非常好，當然妳也為此付出了兩年的努力。今天我想說的是，如果兩年的努力沒有讓妳得到自己想要的，妳知道你會得到什麼嗎？」

「失敗和別人的嘲笑。」王嘉明：「不，事情並不是妳想的那樣。妳會得到更好的。因為妳用了兩年的時間證明了考研究所的確不適合妳，證明了妳可以去尋找新的希望了。為了證明自己是個聰明的、能成功的人，這是目標，實現這個目標有很多很多的方法，不只考研究所這一條路，對吧？」

在跟表哥談過後不到一個星期，小敏收拾了東西，回到家鄉，開始踏踏實實地找工作了。

王嘉明是非常講究談話技巧的。他沒有急著阻攔小敏繼續考研究所，而是讓她放鬆戒備心，以便在平和的氛圍內跟她交談。在交流中，王嘉明處處站在小敏的角度著想，句句觸動了小敏，所以小敏才這麼快就放棄了考研究所的念頭。其實，爭辯並不是目的，達成共識、解決問題才是目的。在與人爭辯的

過程中,漸漸地轉移方向。談話過程中,那些總是企圖扭轉別人、改變別人的人不是說話高手,一個懂得接納他人的人,才能說出令人如沐春風且欣然接受的話。

所以,在對方與自己爭論時,先要選擇傾聽,給對方說話的機會,讓他把話說完。不要牴觸、辯護或反駁,這只會增加溝通的障礙。試著搭起理解的橋梁,而不應築起誤解的高牆,然後尋求共識。聽完對方觀點後,首先應該思考一下你同意的地方,並對對方的言論加以肯定。這有助於對方消除敵意,降低對抗意識。最後,以對方的立場說出自己的觀點與目的,從而得到雙贏的結果。

姿態要低,方法要巧

在人際關係中,我們需要適時地放低自己的姿態,因為要顧及周圍的人的反應,要準確掌握他人的內心,所以並不是一件輕而易舉的事情。在當今這個複雜的、競爭激烈的環境裡生存,越是心理脆弱的人,反而越容易高高在上、目中無人,認為放低姿態是一種懦弱的表現。事實上,真正內心強大的人,是溫馴謙和、平易近人的。強大並不等同於強勢,越是聰慧的人越懂得「能而示之不能」的智慧。放低姿態,巧用方法,才能

第六章　溝通力就是成功力

讓我們在人際關係中，獲得更多的機遇與寶貴的經驗。

在與人交流時，姿態要低，方法要巧。適度的低調不僅可以保護自己免於「槍打出頭鳥」的傷害，還可以讓我們更完美地融入人群。更可貴的是，放低自己可以讓人暗蓄力量、悄然前行。真正內心強大的人常常是寬容豁達、溫柔卻有力量的，他們恰如其分地選擇適合自己的位置和角色，比起空手搏鬥，他們更懂得以柔克剛，滿足對方的虛榮心與成就感，獲得自我生存、維繫人際關係的能力。

當然，低姿態要建立在尊重自己、尊重他人的基礎上，它是講究方法與技巧的，如果凡事都低姿態不但會給予人一種虛偽的表現，有時也會失去自己本該擁有的利益。在與人交流時，低姿態要講究一個「巧」字，在不同的場合，不同的人面前，要有不同的表現與說辭。比如在自己的主管面前，放低姿態，洞察情勢會讓人留下伶俐聰明的印象，在自己的同事面前，低姿態就是不要過於表現自己，少說多聽會給自己減少很多困擾與麻煩。

李義翔準備舉辦一個座談會，為了提升座談會的等級，他向主管列出了一份名單，名單上至少有三個響叮噹的大人物的名字，讓整個專案組都非常興奮。

實際推動計畫的時候，李義翔傻了，該怎麼辦呢？他還是鼓足勇氣，聯絡了其中一位看起來很有親和力的大人物。打電話的時候，李義翔說得非常誠懇，他沒有說我們這個機構需要

您來講座,而是說:「無數的年輕人期待您的經驗分享。」於是,大人物表示考慮一下,沒有正面答覆。

　　接下來,李義翔趕緊去找第二個大人物,他把人物名單呈上,然後表示這是一個陣容強大的座談會。此人反問:「其他人都來嗎?」李義翔含糊其詞地說,取得聯絡的第一個大人物很感興趣,基本上是沒有問題的。這樣,第二個約的人就動心了。於是他打鐵趁熱,聯絡了所有名單上的人物,利用第一個人的盛名,邀請了第二個大人物參加,再利用第一個和第二個大人物的盛名去說服第三個人過來。

　　由於名單上那三個人都是大人物,李義翔知道他們的時間的重要性,彼此不會打擾對方,也不會去互相打探。於是他以一個小職員的姿態,誠懇地去邀請對方,並且告訴大家他們都有可能來,就增加了這件事的可信性。因為對於那三位大人物來說,在這個時候面對小職員的邀請,是否來參加成了暗中的修養上的較量,所以誰都不會希望在這一方面被人比下去。在邀請過程中,李義翔的講話注重了技巧與方法,他用含糊的回答成功地傳遞有效資訊,得到了他想要的效果,是非常明智的。

　　在人際關係中,越是放低姿態的人越容易得到他人的信賴,這種信賴並不是在權力的威懾下使得對方不敢說欺騙的話,而是因為低姿態是一種修養和風度,是心態上的穩定,是名利觀上的淡泊,所以這樣的人不容易因為利益而出賣損害他人。放低姿態是一種智慧,用這種心態做事,講究談話的技巧,可以

第六章　溝通力就是成功力

使生活更輕鬆，更踏實。

與人往來時，放低姿態就意味著語氣不能盛氣凌人。面對別人的讚許恭賀，應謙和有禮、虛心，這樣才能顯示出自己的君子風度，淡化別人對你的嫉妒，維持和諧良好的人際關係。講究談話的技巧就不要得意忘形。得意時要少說話，而且態度要更加謙卑，這樣才會贏得朋友們的尊敬。凡事三思而行，說話也不例外，在開口說話之前也要思考，確定不會傷害他人再說出口，才能產生一言九鼎的作用，才能受到別人的尊重和認可。總之，該低頭的時候學會低頭，該講究技巧時講究技巧，才能讓我們在人際關係中遊刃有餘。

用不一樣的表達方式贏得不同的人

每個人的成長背景和本性不同，說話處事的方法也不盡相同，但也正是這種社會的多樣性構成了人際往來關係的多樣性。我們常說「立言以誠」是為人處事的根本，這四個字的意思是說：在與人相處的過程中，言談要實事求是，不亂拍馬屁，不因自我的利益說違心的話。

但在現實生活中，雖然說實話很重要，但是說實話，換來的不一定是好的結果。別人對你評價的好與壞，與你感情的親

與疏，這不是靠說實話來決定的。更為重要的，是視你說話的技巧和說話內容的選擇而定的。

在人際相處中，同樣的一件事情在不同人的言談中有不同的含義，需要摸清狀況具體分析。話語中的「含沙射影」、「聲東擊西」，以及說話時語音和語調，都能夠表達出迥異的語義，這也正是言談的迷人之處。

「話有三說，巧說為佳。」這樣的觀點，古今中外的人都達成了共識。「言多必失」，許多精於做人之道的人們都知道「多聽少說」的道理。有的話不宜說得太明朗，有的話不可說得太尖刻。我們所說的點到為止，意思是話到嘴邊含半截，學會實話繞著說，壞話好好說，才能掌握說話的分寸與技巧。

聽說寇準做了宰相，張詠對自己的屬下說：「寇準是難得的人才，只可惜學識稍差。」過了一段時間，寇準正要遠行，恰巧張詠被罷官回鄉。寇準得知後，隆重地招待了張詠。等到張詠打點行李準備繼續返回，寇準一直把張詠遠送至郊外，還向他求教：「您有什麼話要教導我嗎？」張詠心想，這是個提點寇準的大好時機啊。不過轉念又一想，若是自己開門見山地直說要寇準多讀書，寇準肯定會覺得沒面子。張詠略微沉吟了一下說：「《霍光傳》不能不看啊。」果然，當時的寇準沒有領會到張詠的意思。寇準回家後，拿出《霍光傳》來看，看到裡面有「不學無術」這句話的時候，才明白過來，笑著說：「這是張先生在教導我啊。」當年霍光任過大司馬、大將軍要職，地位相當於宋朝的

第六章　溝通力就是成功力

宰相，他輔佐漢朝立下大功，但是居功自傲，不好學習，不明事理，跟寇準有相似之處。寇準明白了張詠的良苦用心，於是發憤讀書。

張詠與寇準以前就是至交。當寇準送張詠離開時，寇準已經位居宰相，這時張詠直截了當地說其「不學無術」，一般人都難以接受，更何況是當朝宰相呢？而張詠的一句「《霍光傳》不可不讀」，有著一針見血，四兩撥千斤之效，一句委婉的話能勝過千言萬語。而張詠透過讓寇準讀《霍光傳》這個委婉的方式，使寇準愉快地接受了自己的建議。我們常說，「聰明人點到為止」，寇準是聰明人，也是知錯能改的自覺者，因此只需輕輕提點，就能明白其中的門道。

在人際交往中，我們難免會遇到和他人意見相左的時候。人人都渴望以誠相待，但實話實說往往會傷害到他人的自尊，因此說出實話不僅需要膽量和勇氣，還需要實話巧說的技能。在特定場合和情形下，有些實話會令人尷尬，還會影響到人際關係。實話巧說就是在不得罪他人、不傷人自尊的前提下輕鬆自在地把重點強調出來，給予人提示與點醒。在與人溝通時選擇合適的場合、幽默的氣場，巧妙地說話，才能讓人愉快地接受你的實話。

李同學上學遲到，走進教室看到老師正在講課。老師看到他後就問：「你說你這個星期遲到幾次了？」李同學笑著說：「老師，你上的課太生動，讓我晚上想得都失眠了，所以遲到了。」

用不一樣的表達方式贏得不同的人

老師被李同學的幽默逗笑了,也不好再念他,提醒他下次注意後,就讓他先回座位。

下了課,小張、小麗到李同學的座位上,小鴻說:「為什麼老師罵我遲到,卻不罵你?」李同學拍了小張的頭說:「那是因為你的髮型太帥了,老師忌妒。」張鴻說:「真的嗎?我今天去約會,我弄了一個早上,看來讓他罵一頓也值得。」

小麗說:「李同學就會說好話,昨天說我的圍巾很土,還說老土是一種傳統,傳統又是一種美德,美德更是一種時尚,老師不罵他全靠他這張嘴!」

李同學用溢美之詞化解了自己遲到的尷尬和同學心中的不平衡。李同學沒有為自己辯白,並且說的都是實話。但他沒有用笨拙呆板的語言表述,而是加上了一些「調味料」,讓對方在輕鬆愉悅的氣氛中不再追究自己的遲到。一句話可以哄好一個人,也可以惹毛一個人,同樣的目的,但表達方式不同,結果大不一樣。說話要分場合、對象,要有分寸,最關鍵的是要懂得語言藝術,嫻熟地運用語言藝術。

實話繞著說,壞話好好說,展現的是一個人的智慧與情商。說話是人與人之間最為常見的溝通,如何把這一耗費我們人生中大量時間和精力的舉動做得有藝術,是要靠我們的努力和悟性的。當有些話不得不說時,不妨委婉和氣繞著說,旁敲側擊地說,這樣既能顧及對方的自尊又能傳達自己的用意,豈不一舉兩得。

第六章　溝通力就是成功力

實話巧說時雖然委婉，但不可不真誠，若委婉中帶有諷刺刻薄之意，不但會使對方誤解你的用意，還會繼續我行我素。惡毒的話語似箭，暗箭最傷人，所以「巧說」時要帶著真誠的語氣與態度，千萬不能用暗諷來逞一時之快。說話講究的是技巧與方法，如果說話時既能強調實話的重點，又能帶有曲徑通幽的美妙，那麼在與人交際時就會取得意想不到的效果。

「翻臉」也是種藝術

在當今社會，應變能力已成為當代人所要具備的基本能力之一。只有學會見機行事，才能應對各種突如其來的狀況。人際交往中，如果一味地遷就忍讓，會給人留下懦弱的印象；而總是黑著臉強硬，又會激化矛盾，處處樹敵。所以，學會適當的「翻臉」也是一種學問。

雖然我們不提倡一有矛盾就翻臉，但是當對方一次次地觸及你的底線又毫無悔改之意時，該「翻臉」時也要「翻臉」。但是，「翻臉」也有程度的限制，不代表撕破臉。學會在適當的時機給對方一個表情或是一次暗示，也是一種表達不滿的技巧。

面對蠻橫無理的人，一味地遷就忍讓，反而給了對方更加小看和蔑視你的藉口。而這時，「翻臉」無疑是提醒對方尊重自

己、為對方敲響警鐘的有效方法。但是「翻臉」也要適可而止、掌握分寸，如果用激烈的方式表達不滿，會對雙方的感情都造成很大的傷害。

孔融是出了名的才子。他在做北海太守時鋒芒畢露，太過招搖，不懂得政局複雜，要韜光養晦的道理，經常在公開場合非議曹操。曹操之子曹丕納袁尚遺孀甄夫人，其餘人都緘默不語，而孔融卻口無遮攔地講：「周武王討伐商紂王成功了，把妲己賞賜給周公。」

後來接連幾件事都讓曹操對其心懷不滿，但因為曹操惜才愛才，再加上孔融在當時負有盛名，因此曹操並沒有對他起殺意。而孔融卻愈來愈不知輕重，他經常批評曹操在軍事政治上的不足，影響著曹操在下屬當中的威信和地位。「羊之亂群，猶能為害」，曹操忍無可忍，決定除掉孔融。最終孔融得罪手握兵權的曹操，滿門被斬，還連累了兩個同樣是「神童」的年幼無辜的兒子。

孔融多次不知輕重的挑釁終於惹得曹操翻臉，孔融高傲自滿，不懂得洞察情勢，處處樹敵，終究沒得到好結果。

我們在與人交流時要懂得軟硬兼施。黑臉不能一直黑，白臉也不能一直白下去，任何事情都要有限度。「翻臉」是要觀察對方的反應的，如果超過了對方的底線，那麼就會發生不必要的摩擦。畢竟交流的目的是溝通，學會軟硬兼施、順勢而下才是真智慧。

第六章　溝通力就是成功力

　　說到底,「翻臉」的技巧其實是是一種察言觀色能力的展現。不會洞察情勢的人,等於不知風向便去轉動舵柄,「玩轉自如」便無從談起,弄不好還會在小風浪中翻了船。

　　在不同思想和觀念碰撞的過程中,某一個正確的見解和辦法未必始終正確,必須順應「時」與「地」的變化而不斷加以改變。如若過於固執而不知變通,無異作繭自縛而動彈不得。所以,「翻臉」也要看準時機。

　　某電視臺的一個股票分析節目深深吸引了此前從來沒有接觸過股票的劉勝利。這個「財大氣粗」的股票分析節目裡不僅雲集了各路分析師,而且每每開播時主持人喊出的「玩的就是心跳,賺的就是鈔票」的開場白,更是為劉勝利增添了不少信心。劉勝利為了這個節目茶飯不思,妻子心裡暗暗替他捏了把冷汗。

　　劉勝利對炒股其實一竅不通。前一陣子之所以獲利不錯,完全歸功於這家電視臺的分析師推薦了好股。然而好景不長,某日當重大利空資訊出現在電視螢幕上時,由於劉勝利沒及時脫手,獲利資金又一分不少還給了股市。

　　這幾天股市進入反彈後,劉勝利的妻子陪他看這家電視臺的股市分析。由於股民的心情有所好轉,節目開播時主持人又很熱情地喊起那段開場白。妻子聽後搖搖頭說:「老公,我覺得這段開場白用在你身上不適合。」劉勝利問:「怎麼叫不適合?」妻子笑笑說:「應該把它改成『玩的就是鈔票,賺的就是心跳』!」劉勝利笑著搖了搖頭,深深領教到了妻子的「翻臉」藝術。

劉勝利的妻子抓準時機，不失幽默地表達了自己的不滿，而沒有直接反對丈夫的行為，既避免了衝突的發生，又讓丈夫意識到了自己的錯誤，可謂是一舉兩得。

與人交流時要想說服他人，表達自己「翻臉」的態度，還要準確地判斷火候，適時適地、恰到好處地把話說好，往往很容易得到對方的認同。而不懂規則的「翻臉」只會費力不討好，最終卻得不到別人的肯定，還將遭到別人的埋怨甚至引起憤怒。「翻臉」最好的技巧，就是看準時機不失幽默地表達出自己的態度，這樣能達到事半功倍的效果。

第六章　溝通力就是成功力

第七章
如何把說服轉變成行動和結果?

第七章　如何把說服轉變成行動和結果？

如果嗓門大就有理，驢早就統治世界了

在工作生活中，我們經常可以見到一些人，他們在與別人爭論時喜歡用大嗓門來偷換概念、混淆是非，好像誰的火藥味越濃誰就可以壓制住對方。但事實並非如此，如果我們認真觀察一下就可以發現，其實那些語速快、嗓門特別大、氣勢十分囂張的人都有一個共同點，那就是他們得出的結論往往是比較淺顯的，因為沒有經過深度思考，所以漏洞百出。主觀臆測的論點很容易讓對方或者圍觀的人反駁，所以有理不在聲高。如果單靠氣勢就能打壓對方，那麼這個世界就沒有那麼多道理要講了。

當與他人發生爭執時，如果你不想失去風度或者成為他人評頭論足的話題，就千萬不要因為憤怒大發雷霆，尤其是在公司或者一些公開場合，對方越是囂張你越需要從容淡定。在與這種人辯駁時，你需要時刻強調問題的範圍和關鍵，不要讓對方把話題帶歪，準確的思維邏輯和一針見血的反駁會為自己的表現錦上添花。如果這時對方還是用音量打壓你，你就該強硬且不失風度地繞開他的「攻勢」，不與他發生衝突。對方打的是拳擊，勢大力沉，你可以還以太極，以柔克剛。

南唐人徐鉉學識淵博、通達古今，在北宋很有名望。有一次南唐派徐鉉來北宋進貢。按照慣例，北宋朝廷需要派人做接待

官。當時滿朝文武都認為自己沒本事辯贏徐鉉，都藉故推辭。沒想到到了上船的那天，徐鉉竟最後啞口無言了。

原來，宰相趙普向宋太祖請示誰來做接待官，宋太祖御筆一揮，隨便點了一個侍者的名字，說：「就他了。」在朝的官員大吃一驚，那位被選中的侍者毫無文化，也沒口才膽識。大家都很好奇，卻不敢問原因，只好聽命行事。一上船，徐鉉就滔滔不絕，詞鋒如雲，周圍的人都為他的能言善辯而驚訝。接待官無言以對，拚命點頭稱是。徐鉉不了解他的來歷，愈發喋喋不休，竭力與他交談。一連幾天接待官都不與徐鉉論辯，徐鉉說得口乾舌燥，疲憊不堪，甘拜下風。

當時有大臣認為，陶毅、竇儀等名儒，衣冠楚楚出入朝廷，若論辯才會在徐鉉之上。宋太祖作為大國之君，這樣做實在不被人理解。但事實上宋太祖使用的是一種不戰而屈人之兵的辦法。有時候，面對一些爭辯和語言挑釁，與其正面回應，唇槍舌劍耗費精力，不如不做回應讓對方無言可對，無法施展自己的口才與力氣。

面對那些大嗓門得理不饒人的對象，最好的回應就是不回應。當對方發現只有自己在咄咄逼人地大吵大鬧時，他會瞬間變得尷尬，露怯，不攻自破，而此時的你既沒有失禮，還表現出自己的修養。這種不戰而屈人之兵的智慧，是減少自我失誤與尷尬的通用法則。

第七章　如何把說服轉變成行動和結果？

　　咖啡廳裡，顧客們正在享受著美好的下午時光。忽然，靠窗位置的一個男人大聲喊叫起來：「服務生，你給我過來！來看看你們的牛奶，這根本就是過期的嘛，都結塊了還賣，浪費了我的紅茶！」小王迅速走過來，一邊微笑道歉，一邊說道：「對不起先生，我馬上換一杯新的給您。」

　　很快，新的紅茶端上來了，跟上一杯一樣，配著新鮮的檸檬和牛奶。小王再次微笑著對那個男人說：「先生，我是不是可以建議您，如果放了檸檬，就不要再加牛奶呢？因為檸檬的酸性會造成牛奶結塊，使它看起來像壞掉了似的。」說完，小王便輕輕退下去了。座位上，那個男人滿臉通紅，只見他迅速端起茶杯，強作鎮靜地喝了幾口，然後起身就走了。

　　角落裡，小王的同事替他抱怨道：「明明就是他錯了，居然還那麼粗魯地喊叫，你為什麼不直接說他，給他一點顏色瞧瞧呢？」小王回答：「正因為他粗魯，所以我才用委婉的方式對待他，否則不就吵起來了嗎？再說，道理一說就懂了，根本不用大聲說啊。」

　　小王如果不顧顧客粗魯的態度，一開始就與顧客講明原因，顧客可能會因為丟臉而惱羞成怒。小王先聽從了他的要求，並且在糾正顧客的時候沒有直接點出顧客的無知，而是用建議的方式讓顧客明白了自己的錯誤。在生活中我們經常會遇到類似的情況，小王的機智的做法是值得我們借鑑的，俗話說，「多一事不如少一事」，沒有必要的衝突我們可以轉一個彎來指出對方的錯誤，不要認為良好的態度與友好的語言是軟

弱、沒面子的表現。在大庭廣眾之下與對方爭得面紅耳赤、相互攻擊甚至大打出手，讓周圍的人看到自己沒有修養的一面才是真正的沒有面子。

我們常常因為憤怒或者面子，在跟別人爭論時故意拉高嗓門，企圖讓對方退讓，但結果往往只能讓對方更加憤怒，讓矛盾持續激化。其實越是喜歡大聲爭論的人，他的內心越是脆弱的，為了掩飾自己的理虧，用超大的嗓門來獲取周圍人的同情，是在為自己找臺階下。面對這樣的人，要學會對他的錯誤與漏洞見縫插針地指出。當對方要表現出不可理喻的狀態時，不予回應是最好的武器。其實這個世界上真正能做到以理服人的人，都是用自己的智慧和實際行動來說話。如果嗓門大就有理，驢早就統治世界了。

與其怒火中燒，不如綿裡藏針

人與人之間總會有矛盾與誤解，在與人發生爭執時與其怒火中燒激化矛盾，不如用自己的智慧巧妙致勝。在生活中我們可以發現那些與對方唇槍舌戰，吵得酣暢淋漓的人總是贏不了；而會與對方打太極、刀槍不入、綿裡藏針的人，這些人不與對方爭論、面不改色用自己的智慧「以靜制動」、「反守為攻」，卻

第七章　如何把說服轉變成行動和結果？

能迫使對方節節敗退、啞口無言。所以當我們遇到那些存心挑釁的人，要學會用巧妙的語言來回擊對方的無理，本著「兵來將擋，水來土掩」的自信，使自己立於不敗之地。

晏子出使楚國，楚王想藉機羞辱他。有一個侍臣出了一個主意說：「在他來到的時候，我們綁一個人，從大王面前走過，大王就問：『這人是做什麼的？』我們就回答說：『是齊國人。』大王再問：『犯了什麼罪？』我們就回答說：『犯了偷竊的罪。』」晏子來到楚國，楚王宴請賓客，兩個人綁了一個犯人從晏子面前走過。楚王故意說：「犯了什麼罪？」官吏回答說：「是齊國人，犯了偷竊罪。」

楚王瞥著晏子說：「齊國人都善於偷竊嗎？」晏子離開座位，回答說：「我聽說這樣的事，橘子長在淮河以南結出的果實是橘，長在淮河以北就是酸枳。它們葉子的形狀相似，果實味道卻完全不同。這是什麼原因呢？是水土不同。現在百姓生活在齊國不偷盜，來到楚國就偷盜，難道楚國的水土會使人民善盜嗎？」楚王笑著說：「聖人不是能與他開玩笑的，我是自討沒趣了。」

晏子的智慧在於他不會火冒三丈，面對對方的挑釁把問題還給對方──從哪個地方踢來的球，再踢回到哪裡，將對方一軍，讓對方無話可說。致使最後對方不得不臣服於他的智慧，使其不敢再冒犯自己。

挑釁的人往往一開始咄咄逼人、鋒芒畢露，但這也會露出破綻，這時你需要拿捏分寸，學會在輕鬆愉快的笑談之中暗藏

與其怒火中燒，不如綿裡藏針

斥責，借用對方責難時的某些字眼或慣用詞彙將計就計，移花接木，把「髒水」反潑到對方頭上，在不露聲色、和風細雨中，巧妙地達到抨擊對方、鞭撻對方的目的。如果對方的問題很難回答，無論肯定、否定都可能出差錯時，那就要學會打太極，顧左右而言他，回答一個模稜兩可的答案，讓對方無法否定你的作答。要知道在這種情況下，怒火中燒是沒有用的，綿裡藏針才是刺痛對方的關鍵。

公車上非常擁擠，小慧上車後好不容易擠到後排，看到最後面的兩個座位被一個男子獨占，於是走過去問：「先生，這裡沒人坐吧？」對方說：「沒有。」於是小慧放下行李，準備就座。不料，那位男子卻突然把腿放到了座位上。女孩當時一愣，問：「你做什麼？」「因為妳不會說話。」「那麼，請問該怎麼說？」對方瞇起眼睛，裝腔作勢地說：「看來妳是井底之蛙，沒甚麼見識。那就讓大哥我告訴妳吧！妳得這樣說：『大哥，這裡有人坐嗎？小妹我坐這裡可以嗎？』」說完，肆無忌憚地狂笑起來。

周圍的乘客都在竊竊私語，小慧面不改色：「聽你這一說，我確實沒見過你們這種獨特的『禮貌』方式。不過，你既然見過世面，又有自己獨特的禮貌方式，見了我，就應按照我們的禮貌方式辦事才對。看見我來了，就該起身肅立，躬身致禮說：『大姐，這裡沒人，小弟請妳賞臉，坐這裡可以嗎？』」連我的行事方式都不清楚，真是土裡的死蚯蚓，一點藍天都沒見過。」

女孩的話逗笑了周圍的乘客，其中一位乘客對男子說：「請這位小姐坐下吧，你惹不起。」

第七章　如何把說服轉變成行動和結果？

小慧面對挑釁沒有怒火中燒，也沒因被戲弄而臉紅結巴，而是以同樣的方式有力地回擊了對方，小慧的例子為現實生活中的我們做了榜樣。

生活中，一般女性、老人、小孩往往更容易受到一些沒有水準的人無理的挑釁與戲弄。面對這樣的人，要避免與其發生正面衝突，學會藉助周圍輿論的力量去回擊對方，切不可軟弱逃避，助長對方的氣焰，只有在和風細雨中藉助「糖衣砲彈」回擊對方，才能維護自己應有的尊嚴與立場。

說服之道，玩的就是戰術

「說服」兩字是帶有目的性的，是一種社會行為，發生在我們每個人的生活中。說服不是簡單地勸服，它需要有意識地進行引導和重複，從而達成人與人之間的充分理解、認知和協力。

不同人對同一事物的反應不同，所以說服的方式也需要不同，也就是俗話所說的「見人說人話，見鬼說鬼話」，不能無的放矢、一概而論。在明確說服對象後，先用「敲門磚」去試探，讓對方放下戒備心理，切忌直接把自己的意圖暴露出來，先讓對方產生了敵意。在明白了對方的意圖後，要言簡意賅地講述對方最關注的內容，爭取做到先求同、後存異，盡量保持與對

方的適度差距，逐步引導對方認同自己的觀點。

「百聞不如一見，事實勝於雄辯」。從心理學的角度來看，人們的心理趨向是求真、求實，只有真的東西，才是可信賴的。所以在說服的過程中，還要善於運用充分的事實作為說服的依據，開誠布公地與對方進行交流。這種說服方法根本的一點就是實事求是，比如運用身邊的例子進行講解，因為身臨其中所以更值得信服。

唐朝貞觀四年，太宗下詔修洛陽宮。張玄素上奏說：「臣聽說修了阿房宮，秦朝衰敗；修了章華臺，楚王眾叛親離；修了乾元殿，隋朝垮臺。現在我們的國家百廢待興，陛下要在國家百廢待興的時候役使飽受戰亂之苦的百姓，耗費億萬錢財，大興土木，陛下沒有繼承前代帝王的長處，繼承的是百代帝王的弊端，從這一點看，陛下的苛政比隋煬帝還厲害！」

李世民看了他的奏章，問張玄素：「你說我不如隋煬帝，那我比得上桀、紂嗎？」

張玄素說：「要是修了洛陽宮，你就和桀、紂沒什麼區別。」唐太宗聽後感嘆道：「我思慮不周竟然到了如此地步。」於是他停止了修洛陽宮的工程，還賞賜張玄素彩帛二百匹。張玄素之所以能夠成功地說服唐太宗是因為他抓住了唐太宗的「弱點」，以前朝歷歷在目的失敗例子為說服的依據，讓唐太宗瞬間明白了自己的考慮不周，所以說服勸諫，要懂得「投其所好」，把對方最在意的利害關係挑明，就很容易讓其信服。

第七章　如何把說服轉變成行動和結果？

在說服時既要站在對方的立場上思考問題，還要適當地利用對方的同情心，讓其站在自己的立場上分析問題，讓對方知己知彼，才能百戰不殆。

某服裝廠生產某款新設計的衣服，將其部分裝飾品委託小工廠生產，當該小廠將飾品的半成品呈示該服裝廠時，不料全不合要求。由於時間迫在眉睫，服裝廠負責人只好讓對方盡快重新生產，但小廠負責人認為他是完全按服裝廠的規格生產的，不想再重新生產，雙方僵持了許久。

服裝廠廠長見了這種局面，在問明原委後，便對小廠負責人說：「我想這件事完全是由於公司設計不周所致，而且還令你吃了虧，實在抱歉。現在幸好有你們幫忙，才讓我們發現竟然有這樣的缺點。只是事到如今，事情總是要完成的，你們不妨將它生產得更完美一點，這樣對你我雙方都是有好處的。」

那位小廠負責人聽完，欣然應允。

小工廠面對服裝廠的推卸責任是非常抗拒的，但是當服裝廠的負責人把責任攬下來後，小工廠的負責人答應了他們的請求。在生活中我們習慣把錯誤與責任推給對方，一開始就把對方激怒，使整個談話的氛圍變得緊張，讓談話難以進行下去。在說服他人時可以先向對方檢討一下自己的錯誤，沒有人會對一個已經做過自我檢討的人再橫加指責，而你的這種「自責」也是謙虛的一種表現，能使對方會在情感上產生共鳴，更容易接受你的觀點與建議。

在運用說服技巧時，讀者還要注意對方的情緒變化和自己的說話語氣，學會適當調整、隨機應變，不要一味地乞求或是持續地咄咄逼人。說服的目的是讓對方接受自己的觀點，學會「軟硬兼施」才是好戰術的展現。

巧「灌迷魂湯」，讓對方心服口服

一個人讚美、恭維另一個人就是在「灌迷魂湯」，雖然每個人都表示自己不會被花言巧語所矇騙，但在大多數時候人們還是心甘情願地喝光了一碗碗「蜜糖水」。

讚美他人是開啟局面拉近彼此距離的技巧，當一個人感覺到你對他是認同的，會對你心生好感，會有意地聽取你的建議與觀點，當你的「迷魂湯」讓他覺得「好喝」、「健康」時，你就完全掌握了說話的主動權。

其實「灌迷魂湯」並不難，難的是怎樣才能做到「巧妙」。想要做到「巧」，就需要我們掌握好講話的機會與節奏，注意對方的態度與表現，先用試探的方法摸清對方的心思，然後再掌握言辭的適度與準確，在這期間盡量把話說到「更逢微雨至，春到又還生」的地步，不可過早也不可過晚，該出聲時就不要沉默，該沉默時就不要出聲。

第七章　如何把說服轉變成行動和結果？

魏文侯派樂羊攻打中山國，打敗中山國後把中山國領地封給了自己的兒子魏擊。魏文侯問群臣：「我是什麼樣的君主？」大臣們都異口同聲地說：「仁君！」而任座卻說：「您取得了中山國，不把它封賞給您的弟弟，卻封給自己的兒子，這怎麼會是仁君呢？」魏文侯勃然大怒，任座被趕出朝堂。魏文侯很生氣，又問翟璜，翟璜回答說：「仁君。」魏文侯問：「為什麼這麼說？」翟璜回答說：「微臣聽說國君仁德，他的臣子就敢直言。先前任座的話很耿直，於是我知道您是仁君。」魏文侯聽後大喜，就派遣翟璜去宣召任座回來，改變先前的態度，把他奉為座上賓。

從魏文侯的「怒」，翟璜悟出國君不願聽逆耳之言，所以轉變方法，講究說話的技巧，把直言變為美言，使魏文侯由「怒」變為「悅」。在生活工作中要取得好的進言效果，就必須講究言辭的技巧。當開門見山不能夠引起對方的共鳴就要轉變方法，循序漸進，改變話題，這樣可以隨時掌握談話的方向與氛圍，使自己處在主動位置。

讀者還要注意的是，除了學會讚美對方、見機行事之外，做到「巧」字的唯一捷徑就是學會站在對方的角度去看待問題，這樣我們可以了解別人的內心需求，感受到他人的情緒，將溝通進行到底。對方會因為你的善解人意而變得和顏悅色，消除戒備心理與你真誠地溝通。

一名女司機把一男子送到指定地點時，對方掏出尖刀逼她把錢都交出來，她裝作害怕的樣子交給歹徒 1,000 元，說：「今

巧「灌迷魂湯」，讓對方心服口服

天就賺了這點而已，嫌少的話就把零錢也給你吧。」說完又拿出100元找零用的錢。

看到女司機如此爽快，歹徒有些傻住。女司機趁機說：「你家在哪裡？我送你回家吧。這麼晚了，家人應該都在等妳。」看見司機是個女子又不反抗，歹徒便把刀收了起來，叫女司機送他到火車站。

見氣氛緩和，女司機抓緊時機啟發歹徒：「我家裡本來也非常困難，我又不會什麼技術，後來就跟人家學開車，開起了計程車。雖然賺的錢不算多，但日子過得也不錯。何況自食其力，就算窮了點也沒人敢笑我。」見歹徒沉默不語，女司機繼續說：「唉，男子漢四肢健全，做什麼都可以，走上這條路一輩子就毀了。」火車站到了，見歹徒要下車，她又說：「我的錢就算幫助你的，用它做點正事，以後別再做這種見不得人的事了。」

一直不說話的歹徒聽了突然哭了，把搶來的1,000多元往女司機手裡一塞說：「大姐，我以後就算餓死也不做這種事了。」說完，低著頭走了。

女司機用同情、理解對方的語言，一步一步讓其卸下了防備，最終達到了說服的目的。如果她一開始就大喊大叫，惹怒歹徒，那麼後果將不堪設想。她的見機行事，抓緊時機站在對方的立場為其說話，讓其逐漸心服口服的過程就是「巧灌迷魂湯」的結果。

這就告訴我們，現實生活中如果交談的氛圍比較緊張，那

第七章　如何把說服轉變成行動和結果？

麼我們可以先順著別人的觀點說，讓對方放下戒備，主動與我們交流。這種情況下，說話就不能咄咄逼人，語調要溫和柔順，態度要和悅誠懇，措辭要誠懇周到，讓對方聽了悅耳、想了順心。還要注意的是不用重複強調，但要說得條理清楚，理由明確。所有的觀點層次分明，先後有序，符合對方的口味之後，那麼對方就會心甘情願地喝了你的「迷魂湯」。

不要顯得你比別人更聰明

在工作生活中，當與他人意見有衝突，或是出於為對方考慮需要說服他人時，不要顯得你比別人更聰明。我們常說，溝通就是交換意見，協調就是交換條件。

在社會中受客觀條件或主觀因素的限制，每個人都會遇到自己不了解、不擅長、無可奈何、不知所措的情況和問題，這時說服或幫助他人是最行之有效的對策和手段，這不是彰顯自己的能力，而是站在對方的角度讓其重拾信心找到適合自己的方向去努力。

在說服他人時，當你表現得處處比別人聰明、鋒芒畢露，對方只會覺得你是在炫耀自己嘲笑他。這樣不僅達不到說服的目標，反而會增加對方的反感，進而與你產生隔閡。所以在說

服他人時不妨裝得笨拙一點,即使對於他人的不足與短處清楚明白,也不宜過度表現。

　　顏回十四歲拜孔子為師,是孔子最得意的門生。孔子對顏回稱讚最多,贊其好學、仁義。一天,顏回去街上辦事,竟與買布人打賭,為了評出輸贏找上了孔子。孔子問明了情況,對顏回說:三八就是二十三!顏回,你輸啦,把冠取下來給人家吧!顏回不敢與老師爭辯,於是老老實實摘下帽子,交給了買布的。那人接過帽子,得意地走了。

　　原來顏回在街上聽到買布的大喊大叫:「三八就是二十三,你為什麼要我二十四塊錢?」見一家布店前圍滿了人,他上前一問,才知道是買布的跟賣布的發生了糾紛。顏回走到買布的跟前說:「這位大哥,三八是二十四,你錯了。」買布的指著顏回的鼻子說:「誰請你出來評理的?要評理只有找孔夫子,錯與不錯只有他說了算!」顏回說:「好,孔夫子若評你錯了怎麼辦?買布的說:「評我錯了輸上我的頭。你錯了呢?」顏回說:「評我錯了輸上我的冠。」於是才有了上文的事情。

　　事過之後,對於孔子的評判顏回雖然表面上絕對服從,但心裡卻想不通。他認為孔子已老糊塗,自己不能再拜他為師。孔子看出了顏回的想法,對他說:「我說三八二十三是對的,是因為你輸了不過輸個冠,而他輸了,那可是一條人命啊!你說冠重要還是人命重要?」顏回恍然大悟。

　　在現實生活中,我們往往因為太過執著於事情的對與錯,

第七章　如何把說服轉變成行動和結果？

而忽略了整個大局，傷害了彼此的感情。其實有些事情，不必太過追究對錯，只有看清局勢，找到恰當可行的方法去改變事情的走向才是關鍵。與其與他人爭個面紅耳赤，不如委婉謙虛放低姿態讓對方自己發現錯誤。

有一次，李君豪請一位室內設計師為他挑選一套沙發。等帳單送來，他大吃一驚。過了幾天，陳凱元來找李君豪玩，看到這套沙發，問起價錢，面有怒色地說：「什麼？太過分了，他一定占了你的便宜！」

真的嗎？沒錯，陳凱元說的是實話，可是很少人肯聽別人羞辱自己判斷力的實話。隨後，李君豪開始為自己辯護。他說貴的東西終究有貴的價值，你不可能以便宜的價錢買到品質高而又有藝術品味的東西等等。

第二天，趙曉青也來拜訪，開始讚揚那套沙發，表現得很熱情，說她希望家裡買得起這樣的家具。李君豪的反應完全不一樣了。「說句老實話，」他說，「我自己也負擔不起，這沙發價格太高了。我後悔訂了這些。」

李君豪面對朋友不同的反應，做出了不同的回答，生活中我們自己也在犯陳凱元同樣的毛病：自作聰明，過分相信自己，就是因為這毛病，我們時常在無意中因抓住對方的缺點或錯誤而不加遮攔地予以指責，大大地傷害了對方精心為自己構造的優越感。又或者我們時常在無意中抓住一個可以顯示自己聰明的地方，便迫不及待地希望對方能注意到自己的長處，而這無

疑增加了對方誤解你的機會。讀者需要注意的是，因為每個人的出發點不同，有些時候，別人表現的「無意」也並非真正的無意，而是習慣了「有意」之後，對「有意」產生的一種淡漠的感覺。但這種「無意」在別人心裡往往就是最為深刻的「有意」，所以在任何時候都不要表現得處處優秀，這其實是對自己的一種保護。

大智者從不與人爭論，聰明者從不與人狡辯。所以，要想說服別人，就要先保持中立進行觀察和冷靜的思考，進而掌握其真實意圖，學會換位思考，尋找契合點，才能達成一致的觀點。

見機行事，一步步靠近目標

見機行事的意思是：順著事情發展的趨勢，向有利於實現目的的方向加以引導。這個成語出自西漢司馬遷《史記・孫子吳起列傳》：「善戰者，因其勢而利導之。」

在我們與別人交流時，見機行事能讓我們及時摸清對方的思緒和動機，順著其既定軌道繼續前行，同時能夠進行調整，在發生變動時立刻轉向，以達到自己想要的目標。

在工作生活中，我們太多人習慣於直來直去，喜歡把自我的觀點通通都表達出來，完全不顧事情的發展趨勢，當得知對

第七章　如何把說服轉變成行動和結果？

方的觀點與自己的想法大相逕庭時，才後悔亮劍亮得太早。其實溝通是一門藝術，一個擅長溝通的人首先在說話時要懂得循序漸進、見機行事，洞察事物的發展表現出來的趨勢。不管是已經生成的現象和狀態，還是即將形成的趨向，都有現有的象徵和變化的動態。只有懂得順「勢」而行，才能保證談話的有序進行。

楚國侵犯齊國，齊威王派淳于髡去趙國求救。趙國聽了淳于髡的分析發兵救援齊國，楚國軍隊撤退後，齊威王非常高興，在後宮為淳于髡設慶功宴。

席間，齊威王問淳于髡說：「先生喝多少酒才醉？」淳于髡回答說：「我喝一斗酒也能醉，喝一石酒也能醉。」齊威王問：「為什麼？」淳于髡說：「大王當面賞酒給我，滿朝文武都在，我心驚膽顫，不敢不喝，喝一斗就醉了。如果父母請客，我在旁邊服侍，客人不時賞我殘酒，我出於禮貌敬酒，喝不到兩斗就醉了。假如朋友間久不見面，有一天互訴衷腸，喝五六斗也就醉了。至於鄉里間聚會，男女混坐，猜拳痛飲，無拘無束，可以喝八斗酒，也不過兩三分醉意。天黑時，大家輕解羅衫，略聞陣陣香味，這時我最為高興，能喝下一石酒。」

淳于髡接著說：「陛下，就像喝酒一樣，天下無論什麼事都不可走向極端，否則就會無休無止，最終都會衰敗。」齊威王聽了這個道理後說：「好。」從此停止了徹夜歡飲的行為，並任淳于髡為接待諸侯的賓禮官。

見機行事，一步步靠近目標

淳于髡用隱言微語的方法，循序漸進、見機行事，將話題轉入到更深一層的意思，一步一步向自己勸諫的目的靠近，最終獲得了成功。

在交流過程中，見機行事時除了注意要學會順「勢」而行，還可以藉著第三方之勢，據理力贊，比如「抑己揚人」就是因「自己」之勢，而最終達到使對方心悅誠服之效。

在一次酒宴上，一位主管鼓勵在座每個人致祝酒詞。於是，每個人開始按照座位，站起來致詞。最後輪到劉君豪，他與眾不同地在自己面前擺了三杯酒，並說：「我講三句話，所以得喝三杯酒。不知道各位主管允許不允許？」大家說好。

「第一句話：今天來了那麼多重要的長官，在這麼重要的場合，沒有想到長官竟然讓我說話。」說完，他乾了一杯。眾人笑。

「第二句話：各位長官致的祝酒詞，都很精采，最後輪到我，我都不知道該講什麼才好。」他又乾了一杯。眾人大笑。

「第三句話：在這麼重要的場合，那麼重要的長官讓我發言，但各位長官都說出了我的內心話，我還說什麼廢話。喝酒！」說罷，他仰頭又乾了最後一杯。全桌沸騰。

劉君豪在酒席上的三句話，充分肯定了在座者的重要身分，借自己準備不足和不知如何說話的「抑己」方法，達到了肯定他人講話精采的「揚人」之效。這樣的自我調侃，自然流露出的是謙虛、直率、親和。這給了我們啟示，有時在酒席等放鬆的場

第七章 如何把說服轉變成行動和結果？

合,我們不妨採取劉君豪的「抑己揚人」方法,幽默地表達讚美之意,可能會取得令人叫絕的交談效果。

讀者還要注意的是,見機行事要避免有見風使舵之嫌,在說話時要顧及在場人的情緒,不能表現得太過油滑,引起人的反感,掌握好適度的同時,再加上順「勢」的技巧,交流就會順利很多。

順勢而為,給足別人虛榮心

一個人的虛榮心是需要別人讚賞、發現才能滿足的,而滿足一個人的虛榮心其實就是朝著他在意、自信的方面讚美、誇獎。讚美他人並不難,但如何把讚美做到「美酒飲到微醉後,好花看到半開時」的程度,就要學會順勢而為。

順勢而為的本質其實就是順水推舟,比如我們在工作生活中會遇到一些誇誇其談的人,如果這時你能夠順勢而為,往其在意的方面引導,給足對方虛榮心,那麼說服就是水到渠成的事了。

劉備在漢中稱王,任命關羽為前將軍,費詩奉命為關羽送上印綬符節。關羽聽說黃忠竟然與自己的官位相同,生氣地說道:「大丈夫終究不與老兵同列。」拒絕接受印綬符節。費詩

> 順勢而為，給足別人虛榮心

語重心長地對關羽說：「大凡開創帝王大業的人，都是廣納賢才的人。想當年蕭何和曹參比韓信和陳平早結識漢高祖劉邦，可是後來韓信的地位卻在他們之上，也沒有聽說蕭何、曹參有怨言。今日黃忠立下功勞，陛下為鼓勵人心重賞於他，但在陛下的心裡，你是比他重要的。況且陛下與您如同一體，休戚與共，禍福同當，我個人替您考慮，您不應當為官階的高下、俸祿的多少介意才對。」關羽聽了連忙接受了任命。

費詩不僅把關羽比作是劉邦手下的蕭何、曹參，還把關羽說成是和劉備「如同一體」，所說雖有道理，但其實也是在滿足關羽的虛榮心。關羽雖然和黃忠「同列」，但費詩並沒有強調這些細節，而是把他抬高到和劉備「休戚與共」的高度，關羽因此而感動，於是釋懷。

費詩為了大局考慮，抓住關羽最在意的地方，滿足了關羽的虛榮心，就此拉近了劉備與關羽的關係。在滿足他人虛榮心時，因為每個人的性格不同，年齡有長幼之別，所以要因人而異，突出個性，要知道用有特點的讚美來滿足他人的虛榮心要比沒有目的誇獎顯得真實。

讀者需要注意的是，雖然人人都有虛榮心，喜歡聽好話，但並非任何讚美都能使對方高興，能引起對方好感的只能是那些基於事實、符合時宜的誇獎。相反，若無憑無據、虛情假意地讚美別人，不僅會使對方感到莫名其妙，還會覺得你油嘴滑舌、詭詐虛偽。

第七章　如何把說服轉變成行動和結果？

有一次，銀行員工小劉因看不慣顧客對同事的不禮貌行為，情急之下與顧客發生口角，並險些發生肢體衝突。為此，他受到了張主任的嚴厲檢討。

王副主任看在眼裡，急在心中，生怕他情緒波動而影響工作。年終，小劉出色地完成了銀行要求的開戶業務目標，為此而獲得了優秀員工的殊榮。王副主任抓住時機對小劉說：「我看張主任說到關鍵了。他說雖然你脾氣不好，但是你有兩個『典範』：為人正直，有正義感，會行俠仗義；為人大氣，樂於助人，協調能力強，人氣旺，像明星一般。要是你碰到事情，能夠保持冷靜，就沒有什麼能挑剔的了。」

聽到這句話，小劉非常高興，工作積極性更高了。

王副主任根據小劉的為人，在關鍵的時刻滿足了小劉的虛榮心。他在看到小劉達成工作目標時並未直截了當地誇獎，而是轉述了張主任對小劉中肯的評價和肯定。這樣做既緩和了小劉與張主任的關係，又打消了小劉害怕上司對自己有成見的顧慮，可謂是一石兩鳥。

順勢而為的讚美除了抓準時機、實事求是外，還應從具體的事件入手，如果你只是含糊其詞地誇獎對方，說一些空泛浮誇的話語，不僅會引起對方的猜忌，甚至可能產生不必要的誤解和信任危機。人人都喜歡聽好話，在職場裡，或是與朋友來往時，雖然不需要眼觀四面、耳聽八方，但俗話說「識時務者為俊傑」，學會見機行事、順勢而為已經是人際交往中不可忽略的

交往技巧。每個人都需要一個良好的交際圈,而學會這些交往的技巧既會增進彼此的友誼,又可以避免誤會、衝突的發生,所以我們何樂而不為呢?

說服勸諫,態度決定一切

我們常說做任何事情,態度決定一切,說服勸諫也是如此。當我們表達的觀點與他人不同或對其提出意見和建議時,誠懇謙虛的態度、委婉幽默的語言會讓對方更易接受我們的觀點。在交流過程中,學會用眼神、微笑和渴望傾聽的神態來營造一種寬鬆、平和、真誠的氛圍,會使對方有信心暢所欲言,表達真實的自我。

我們不得不承認,同樣一句話,相同的意思,出自不同人之口,往往會產生截然不同的效果,委婉含蓄、情真意切的話語容易被人接受,語氣生硬、高高在上的說服則使人產生反感,這就是說話的藝術。

齊景公嗜酒如命,連喝七天七夜不停止。大臣弦章看不下去大膽上諫說:「陛下,已經連喝七天七夜了,請您以國事為重,務必戒酒,否則就先賜我死好了。」晏子見齊景公,齊景公向他抱怨說:「弦章勸我戒酒,說如果我不聽,就讓我賜他死。我如

第七章　如何把說服轉變成行動和結果？

果聽他的話，以後恐怕就得不到喝酒的樂趣了，但我又不忍心他真的因為這件事去死，你說我該怎麼辦？」晏子聽了便說：「弦章遇到您這樣寬厚的國君，真是幸運啊！如果遇到夏桀、殷紂王，不是早就沒命了嗎？」齊景公聽後真的把酒給戒了。

　　弦章和晏子的話是同一個意思，但是弦章強硬的態度並沒有讓齊景公直接戒酒，反而晏子帶有讚美的勸說讓齊景公意識到了自己的錯誤，這就是態度不同造就的不同的結果。

　　在說服勸諫過程中，平和的態度還可以讓對方耐心認真傾聽談話。而我們在傾聽過程中可以了解更多資訊，修正可能存在的錯誤，獲得豐富的感性認知，幫助自己真實地了解對方的需求、動機、立場、觀點。這樣我們就可以最大限度地了解困難和不利條件，能夠為最後的成功創造有利因素。

　　小華是一名汽車業務。有一天一個客戶來買汽車，可以說這是幾個月來的第一個買家，他的心裡有一種莫名的興奮。因為他從來沒有賣出去過一輛車，不是說沒有客戶來，也不說推銷的車子不好，而是他往往說話沒有分寸，在別人沒有說完之前就開始說個不停了，結果惹得買家都跑到別處買車子了。

　　他為了能拿下這一單，調整了一下心態，面對客戶十分淡然，微微笑著遞上自己的名片，讓客戶自己盡情地看車子，當客戶提出問題的時候，他並沒有立刻回答，而是用拋磚引玉的方法讓客戶找到喜歡的理由，另外道出了這臺車子的不足。他對症下藥，截長補短，使得客戶對每一輛車子都愛不釋手，最

後歡歡喜喜地挑了其中的一輛。

同時，客戶覺得這個年輕人不錯，時常帶著自己的朋友光顧這間車行，幫他賣出了幾輛車子，一來二去，兩個人還成了好朋友。

小華用實踐證明了，並不是只要有才能就能獲得別人的青睞，而是要看你說話對不對，有才能還要會說話，千萬不要在別人還沒有做細聽準備的時候，就開始了自己的長篇大論。如果你不經大腦，冷靜思考，一衝動就開始大談特談，別人只會覺得你是個很不切實際的人。

讀者還需要注意的是，在說服他人時，不要總是談論自己，力爭占據主導地位，習慣性地或粗暴性地對別人進行說教。對方的態度不好時，自己先要保持冷靜，首先不能被激怒，和顏悅色會讓對方有所緩和，當對方平靜下來再去有針對性地說服才有效。

第七章　如何把說服轉變成行動和結果？

第八章
溝通的分寸，就是做人的分寸

第八章　溝通的分寸，就是做人的分寸

看清看破不戳破

隨著閱歷的增加，經驗的豐富，我們逐漸練就了些許看人的本領。有了這樣的能力，我們或許可以少吃虧、少上當。但是在人際交往中，我們可以看清看破一件事，但不一定把它說破。

每個人都會有祕密，會有不想讓人知曉的一面。人們為了保護、隱藏自我的祕密要麼閉口不提，要麼用「花言巧語」來遮掩，如果我們口無遮攔，不分對象、場合和時機，將對方拆穿，那麼無疑會增加對方與你翻臉的機會。

光緒六年慈禧太后小產，患上了小產後遺症，但她寡居多年，御醫雖然診斷出病情，都不敢說明病因。就這樣，御醫天天診脈，太后天天服用良藥，但太后的病卻不見好轉。後來，兩江總督劉坤推薦一名江南名醫馬培之進宮診斷。

當時，關於慈禧之病傳說紛紜，有人傳「月經不調」，有人說是「血症」，等等。馬培之先去太醫院打探虛實，卻不得要領，心中十分不安，後又連日拜訪同鄉好友，最後一位經商的同鄉透過宮中認識的一位太監，打聽到了慈禧患病的真實起因是宮闈之祕。慈禧太后之病竟是小產後遺症，這讓馬培之大吃一驚。馬氏吃驚之餘，心中已大致明白，也不再終日惶惶不安。

馬培之了解了慈禧太后的病，再切其脈，判斷出是產後血症，但又要想治好病，又要遮私醜、塞眾口，這應該怎麼辦呢？

在思考了一會之後，馬培之在其診斷書中隻字未提婦產之事，而是當作心脾兩虛論治，在藥方上卻是暗度陳倉，用了不少調經活血之藥，此辦法正中慈禧下懷。

後來，慈禧服用了馬培之的藥方，奇病漸癒，一年後基本上已完全康復，馬培之本人也深得慈禧信任，但是無論是在京還是返歸故里後，馬培之對慈禧的病始終守口如瓶。

馬培之的聰明之處就在於他看破卻不說破。很多時候心照不宣地替人保護隱私也是一種交際手段，與其戳破那層紙讓對方難堪，倒不如裝作不知道，這樣就保持了其樂融融的關係，否則只會徒增彼此之間的尷尬。

讀者切記，在與人交往時不要自作聰明去告訴別人「旁觀者清」的道理，事情的過程只有當事人最清楚，你看清的所謂的真相也許並不是真相，所以不要輕易去拆穿他人的用心良苦。

現代社會，不同的人由於成長環境、教育背景、家庭狀況的不同，形成了不同的世界觀與價值觀，對事物的判斷就會深淺不一。而個人的世界觀不同、程度不同、心態不同，造成了完全不同的人生。因此，在看清別人的問題時，讀者最好不要當面說破，否則不僅會打擊對方的自信，還會傷害對方的自尊。要知道，當著眾人的面批評他人，並不是善意的批評而是一種魯莽的行為，甚至是對他人的侮辱。

在一次足球賽上，劉泳成獨自作戰，不願意傳球給隊友，導致比賽失敗。在比賽過程中他越不傳球給隊友，就越進不了

第八章　溝通的分寸，就是做人的分寸

球，結果白白浪費了很多進球的機會。

比賽完畢，有人問教練如何評價劉泳成的表現，教練想了想，說：「足球是一個團體運動，輸贏不在於哪一個人，而是整個團隊，所以今天的失敗不是哪一個人的。我只想說的是火箭上天，靠的是整個航太團隊的協調合作，如果有人想靠自己單獨冒進，那麼火箭是不可能順利完成發射任務的。」

劉泳成聽到這番話，十分慚愧，主動向教練道歉，並逐漸改變了自己的球風，開始積極與隊友合作配合了。

如果教練在大庭廣眾之下當面批評劉泳成，那麼將會使他陷入難堪的境地，讓他難於下臺階，弄不好就會破罐子破摔，同時會因面子受損，和教練交惡。

而教練在看到劉泳成的缺點後，並沒有當面指責他「不愛傳球」，而是用類比的方式說明了「所有隊員要團結合作」的道理。這樣，在不傷人自尊的情況下，使劉泳成領悟自身的缺點，領會教練善意的良苦用心，既改掉了不團結的毛病，又體面地下了臺階。

在人際交往中能夠「看清看透」是能力，「別說破」卻是智慧。看清、看透、別說破，是人生的三重境界。現實社會永遠不可能十全十美，紛繁複雜的人際關係永遠不可能清澈透明。如果說「看清看透」能夠讓我們活得更理性、更透澈，那麼，「別說破」則會讓我們活得更自由、更通達。不去拆穿他人是一個人的涵養，看清看破不戳破是一種境界。

海口不要隨便誇

人貴有成人之美、樂善好施、助人為樂、急公好義的美德，兩肋插刀的義氣，幫助他人可以樹立威信，可以受人歡迎與擁護，但是如果自己的能力不足以幫助他人，就不能隨便誇「海口」逞威風。

我們常說「言必信，行必果」，每個人在承諾別人時都要正視自己的能力，給自己留有餘地和退路。如果什麼事情都攬在身上，當承諾不能兌現或者自吹自擂讓人拆穿時，那麼自我的形象就會跌落谷底，失信於人。

曹真率大軍來到長安，在渭河之西下寨，與王朗、郭淮商議退兵之策。王朗自吹自擂地說：「都督，諸葛亮連占我幾座城池，士氣正旺，明日決戰，正好挫敗蜀軍銳氣！都督可嚴整隊伍，大展旌旗。以壯軍威！明日在兩軍陣前，老夫只需一席話語，斷叫諸葛亮拱手而降，蜀兵不戰自退！」

兩軍對壘。諸葛亮看到魏軍的大旗上寫著：中央白髯老者，乃軍師司徒王朗。王朗對孔明說：「你若倒戈卸甲，以禮來降，仍不失封侯之位。國安國樂，豈不美哉！」

諸葛亮聽後在車上大笑曰：「值此國難之際，王司徒又有何作為？你的事蹟我素有耳聞，你世居東海之濱，初舉孝廉入仕，理當匡君輔國，安漢興劉，何期反助逆賊，同謀篡位！罪

第八章 溝通的分寸，就是做人的分寸

惡深重，天地不容……你枉活七十有六，一生未立寸功，只會搖唇舞舌，助曹為虐！一條斷脊之犬，還敢在我軍陣前狂吠！我從未見過如此厚顏無恥之人！」

王朗聽完頓時心中怒火中燒，撞死於馬下。後人有詩讚孔明曰：「兵馬出西秦，雄才敵萬人。輕搖三寸舌，罵死老奸臣。」

王朗自命不凡，志在必得，在曹真面前誇下海口，結果竟然被諸葛亮的幾句話給氣死，成為笑談。

荀子曰：「能小而事大，闕之是猶力之少而任重也，舍粹折無適也。」意思是如果自己的能力有限，卻非要去做力所不能及的大事，就好像是力氣不足卻要逞強去挑重擔一樣，除了傷筋斷骨，又能有什麼別的結果呢？荀子的這句話正好解釋了誇海口的教訓。人無信而不立，在說話之前如果不去評估自己的能力隨意誇下海口，無疑是在為自己增加負累。

李翔的父親開了一間小型的工廠，雖說規模不大，不過經營得不錯。前幾年，李翔的同事蘇信誠有一個表弟在外地辭職回到家鄉，想找一份稍微好一點的工作，於是便讓他的表哥蘇信誠幫忙。

蘇信誠想到李翔的父親開的廠，於是便向李翔求助。李翔很爽快地拍拍胸脯答應了，說可以讓蘇信誠的表弟到他父親的工廠裡當工廠主任。因為蘇信誠的表弟之前當的是工廠主任，也是在相同的行業，況且蘇信誠的表弟原來上班的工廠還是比較大的。

> 海口不要隨便誇

　　在上任之前，蘇信誠帶著表弟拿了很多禮物，特地到李翔家去道謝。但後來一問父親才知道，工廠主任的職位不是那麼輕易就可以安排的。李翔於是跟蘇信誠說情況有變，如果要來，只能當普通員工。得知這樣的情況，蘇信誠覺得對表弟很抱歉，他的表弟也覺得很不爽，說如果只是當個普通員工，他自己很容易就可以找到，於是便沒有去李翔父親的工廠上班。因為這件事，李翔跟蘇信誠原本很要好的同事關係無形中有了隔閡。

　　李翔沒有絕對的把握就輕易許諾，既忽略了父親的難處又辜負了同事的希望，所謂「希望越大失望就越大」，如果一開始李翔對對方說去試一下，那麼就算最後事情沒有結果，蘇信誠還是感激李翔的，最起碼他相信李翔已經盡力而為。但是李翔的一口承諾給了對方太多希望，到最後大家不歡而散，李翔既失去了誠信又失去了友誼。

　　讀者要明白，在人際往來中，如果真心想去幫助他人，一定要評估自己的能力，承諾不能太滿，要為自己留餘地。在任何場合不要為了炫耀自己的能力，自吹自擂、亂畫大餅。

　　真正有能力與修養的人在幫助他人時都是低調謙虛的，每個人都會有求於人也會被人所求，如果能幫助到別人就盡力而為；如果不能幫助別人，就不要輕易許諾，隨便給他人希望。畢竟誠信二字關乎聲譽，不要為了一時滿足自我的虛榮心，失去自己的誠信。

第八章　溝通的分寸，就是做人的分寸

想要滴水不漏，先三思

雖然我們每天都在與人打交道，但卻始終做不到說話滴水不漏，我們常常因為不經大腦思考脫口而出的話得罪人，常因為說話不當而吃虧。因此，在紛擾的世界中、複雜的人際關係裡找到最適合自己的說話技巧與處世智慧的，才能輕鬆地駕馭生活。

「世事洞明皆學問，人情練達即文章」，想要處理好人際關係，必須培養說話的能力，要培養說話的能力就要學會三思而後說。只有這樣，才能做到說話滴水不漏，既能達到說話的目的，又能開啟人與人之間溝通的大門。

宋玉，戰國楚國鄢人，辭賦家。傳說他是屈原的弟子，在楚懷王、楚襄王時做過文學侍從之類的官。當時的大夫登徒子，在楚襄王面前說他「好色」，楚襄王問宋玉：「有沒有這回事？」

宋玉說：「沒有這回事。相反，好色的不是我，恰恰就是登徒子自己。」

楚襄王問他有什麼證據。宋玉說：「天下的美女屬楚國的最好看，楚國中最好看的女子就是我東鄰的一位女孩。這位女孩子身材姣美，皮膚天生白嫩，眉毛、皮膚、腰身、牙齒，沒有一處不美。她一笑就迷倒了陽城、下蔡那些花花公子。可是，這位『東家之女』，常常攀登牆頭來偷看我，已經整整三年，

我至今還沒有接受她的顧盼。而登徒子卻娶了一位奇醜無比的妻子，她頭髮乾枯、耳朵斜、嘴唇裂、牙齒缺，走起路來彎著腰，一瘸一拐的，而且滿身癩疥，還患著嚴重的痔瘡。而登徒大夫卻很喜歡她，已經和她生了五個孩子了。」

最後宋玉反問楚襄王：「您看，究竟是誰好色，這不是再明白不過了嗎？」襄王聽了，覺得宋玉似乎有道理，也就算了。

宋玉並沒有具體說登徒子如何好色，而是用了對比的技巧，將登徒子妻子的外貌告訴了楚襄王，自己對美貌的「東家之女」無動於衷，而登徒子連那樣醜的人都喜歡，更別說漂亮的了。如果宋玉一直為自己辯駁，反而沒有太大的說服力，但是他將話說得滴水不漏一定是經過自己的思考的。我們遇到別人的詆毀時，往往容易失去理智，努力為自己辯駁，結果把自己的缺點都暴露了出來，適得其反。

做人、做事、說話，每個人都無法迴避。在與他人交流時，普通的對話是沒有什麼標準來判斷對錯的，但是在有些問題上至少要能夠自圓其說，這就要求我們在回答別人的問題之前要盡可能考慮得周到一點，以免使自己陷於被動。

賣場的採購經理李尋參加一次面試，當面試官提出「請你舉一個例子說明你的工作規範和流程」時，他回答：「這有可能涉及我們的商業機密。」考官說：「那麼好吧，請你把那些不屬於商業機密的內容告訴我。」這樣一來，問題的難度更大了，李尋先得分清楚哪些是商業機密，哪些不是，一旦說漏了嘴，則更

第八章　溝通的分寸，就是做人的分寸

顯出其專業度不足。不能自圓其說，很可能會被逼入「死角」。

考官又問「你最大的優點是什麼」和「你最大的缺點是什麼」。這兩個考題貌似簡單，其實很回答。李尋分別回答了自己的優缺點。接下來考官又追問：「你的這些優點對我們的工作有什麼幫助？」「你的這些缺點會對我們的工作帶來什麼影響？」結果李尋說到自己的缺點的時候就不知道怎麼說了，將自己陷入了不能自圓其說的尷尬境地。面試結束後主管對他說：「你回答得太著急了，像這種問題不能急於回答，如果你把缺點也回答成優點，比如說我的優點是安靜沉穩、缺點也是安靜沉穩，那麼接下來就好回答了。」李尋紅著臉說是自己考慮不周。

當然，生活中的很多問題即使我們認真思考了也未必能夠說出正確的答案，在這種情況下，讀者就需要用成熟穩重的談吐來贏得對方的認同，切忌毛毛躁躁、慌慌張張，即使想不出答案，穩重平和的心態與表現也會讓對方對你留下好印象。所以，在面對任何問題時，三思而行、三思而說才是滴水不漏的關鍵。

溝通避免絕對化，小心給人抓住小辮子

談話時，一個人說與不說，少說多說，說真說假，胡說亂說全在自己。如何說話，該怎麼去說是個人的選擇，但有的人喜

> 溝通避免絕對化，小心給人抓住小辮子

歡把話說滿，以至於最後難以自圓其說，這就是說話的大忌。話就像浴缸的水，裝得太滿就容易溢出來。當破綻出現被人抓了小辮子，那就只有顏面掃地的分了。

讀者在說話時要學會為自己留有餘地，不要把話說得太滿，用詞盡量避免使用「絕對」、「從不」、「唯一」這樣的字眼，而要盡可能地去使用「大多數」、「可能」、「也許」這樣模稜兩可的詞語。在平時還要養成有根據的思考的習慣，尤其在我們給出自己的看法和觀點時，不妨試著想想這些看法和想法背後有什麼依據，以及這些依據本身是否站得住腳，不要因為逞一時口舌之快而斷了自己的後路。

蘇東坡，是北宋的文學家、書畫家，在詩、詞、散文、書、畫等方面皆有了很高的成就。他在少年時就博覽群書，才智過人，常常受人誇獎。但是受人奉承多了他也就沒了分寸。一天，他即興在自家門前寫了一副對聯：「識遍天下字，讀盡人間書」，以彰顯自己真有「天下第一」的實力。路過的行人看了，有的誇這家出了能人，也有的搖搖頭，覺得太能吹噓。

有一天，一位白髮老者登門拜訪，老人對蘇東坡說：「聽說蘇大才子識盡天下字，老朽特來請教。」蘇東坡見這麼大歲數的人都找自己問問題，心中十分得意。他讓老人坐下來，問道：「老先生有什麼指教的？」老人慢慢地拿出一本書。蘇東坡翻開第一頁，讀到第一行就讀不下去了。因為有兩個字不認識。他越往下看，不認識的字越來越多。當時他臉色大變，恨不得找

第八章　溝通的分寸，就是做人的分寸

了老鼠洞鑽進去。老人說：「怎麼了，這些字連蘇才子也不認識呀？」說完就走了。

蘇東坡一時沒回過神來，忘了送客。等回過神來，才恍然大悟——老人這是在提醒他不能太狂妄，於是趕緊在門聯上添了幾個字，這副門聯變為：「發憤識遍天下字，立志讀盡人間書。」

蘇東坡因為得到了老者的提醒而恍然大悟，而在生活中的我們也許沒有那麼好的運氣碰到別人提醒自己的錯誤，所以在任何情況下都不要誇大其詞、自吹自擂。你所表現出的優越感本來就已是惹人厭煩的原因，如果不加克制或者能力不足，根本做不到應允的事情，那麼當自己的破綻露出來時，他人就會抓住你的小辮子做文章，來打壓你的自負與狂妄。

某次，有兩個業務在推銷同一款新產品：螺旋狀的髮帶。為了展現這種髮帶的品質非常好，第一位業務隨手拿起一條髮帶，對一位顧客說：「來，幫幫忙，我們各拿著髮帶一端，往兩邊用力拉。」

接著他就和這位顧客對拉起來，髮帶的彈性的確不錯。隨後，他又隨手拿起一根長針，在拉得緊繃的髮帶上來回劃，髮帶也沒有損傷。他邊劃邊說：「你看，這種髮帶是不容易失去彈性的。」緊接著，業務又拿起打火機，在髮帶下面輕快晃動，火苗穿過髮帶，而髮帶也沒有受到損傷。

在業務的一番介紹之後，顧客互相傳看髮帶。一位顧客故

> 溝通避免絕對化，小心給人抓住小辮子

意拿起針，只是輕輕一劃就在髮帶上劃了一個洞，原來這髮帶並不是劃不破，而是順著紋理劃不易劃破。另一位顧客要拿打火機燒，急得業務員連忙說：「髮帶不會燒起來那是不可能的，我只是證明它的彈性好。」最後大家也都還算認可髮帶的品質，覺得品質是沒話說的，但當時的氣氛明顯地影響了顧客的消費意願。

第二位業務，也採用了邊說邊演示的方法。他是這樣說的：「相信大家都知道，任何事物都要符合科學，髮帶怎麼會燒不起來呢？我只是證明它的彈性品質好；它也並不是穿不破，就算是鋼鐵都會磨損，何況是一條髮帶。」這番介紹沒有為喜歡挑毛病的顧客留下任何可乘之機。介紹完後，他一邊讓大家傳看髮帶，一邊講解促銷的優惠價格。這位業務的銷售成果明顯比前一位業務來得更好。

兩位業務因為說的話不同而得到了不同的反應，第一位業務剛上來就把髮帶的定位抬得很高，難免會讓他人懷疑；而第二位業務則先說出了常識，讓顧客充分理解，讓其沒有了找碴的理由。

在人際往來中，如果不想讓別人找到自己的小辮子，與其欲蓋彌彰，還不如先聲奪人地將自己的短處講出來，讓對方無從下手。人往往喜歡糾正他人的缺點是因為希望對方有所改變，當自己能夠意識到自己的錯誤時，那麼別人還有什麼理由去抓自己的小辮子呢？

第八章　溝通的分寸，就是做人的分寸

　　讀者要明白，金無足赤，人無完人，不要試圖把自己偽裝得完美無比，有缺點的人，才是能夠相處的人。做人如此，說話也一樣，逞一時之強，把話說過頭只會受到他人的鄙夷，只有謙虛有禮才是給自己留有餘地，讓自己擁有自尊的唯一法則。

溝通時，多聽少說常點頭

　　我們常說，「話多不如話少，話少不如話好」。最有價值的人不一定是能說的人，一個安靜傾聽的人會比滔滔不絕、喋喋不休的人更有魅力。言語是銀，沉默是金。未出口的言辭不會造成傷害，我們可能被多言傷害，但不會被傾聽傷害，故智者寡言。交談中，傾聽與謙虛最高貴。說話出自天性，沉默出自智慧。智慧由聽而得，悔恨由說而生。

　　有一個小國進貢了三個一模一樣的金人，皇帝很是開心。可是小國的人為了刁難大臣，出了一道題目：這三個金人哪個最貴重？

　　皇帝想了許多的辦法，請來珠寶工匠檢查，秤重量，看做工，但它們都是一模一樣的。皇帝很著急，如果泱泱大國連這個問題都回答不了，豈不是讓人看了笑話。

　　就在一籌莫展時，有一位已辭官的老大臣說他有辦法。皇

帝將使者請到宮中，老臣胸有成竹地拿出三根稻草，將第一根稻草插入第一個金人的耳朵裡，稻草從另一邊耳朵出來了。而插入第二個金人的稻草從嘴巴裡直接掉出來，而第三個金人，稻草進去後掉進了肚子，什麼聲響也沒有。老臣說：第三個金人最有價值！使者豎起了大拇指。

　　善於傾聽，才是成熟的人最基本的素養。一個人的水準、能力如何，從他的談吐中便可以大致了解。話不能不說，但也不是說得越多越好。「善言不必多，言多必有失」，話語過多，往往顯示出自己的虛偽淺薄。俗語說「整瓶不搖半瓶搖」講的就是這個道理。看一個人，評價一個人，智者不會光聽這個人是怎樣說的，還會揣摩這個人是怎麼想的，更會看這個人是怎樣做的。少說話，不是不說話，是要抓住合適的時機，說合適的話。說話之前，注重觀察、審視、醞釀和蓄力，如同拉弓射箭一樣，拉弓蓄力，射出去的箭才錚錚有聲。

　　有一天，小趙被上司叫到辦公室，上司指著一份檔案問他：「這是你做的企劃書嗎？」小趙拿過來看了看，心想，這個企劃書自己可是下了不少功夫的，不可能會有問題的呀？於是，他很肯定地說：「是我做的，我花了整整三個工作日完成的！」上司看了他一眼，不屑地反問道：「是嗎？三個工作日？不短呀！可是怎麼還有遺漏呢？一些重要的資訊，怎麼都沒有記錄？」連續幾個問題把小趙差點給問暈了！他突然想起剛來公司的時候，一位同事對他說：「上司是一個愛發脾氣的人，做事情要小

第八章　溝通的分寸，就是做人的分寸

心，千萬別被他抓住小辮子。如果被罵了，就保持沉默，沉默是最好的法寶。」於是，小趙就沉默不語。

上司看到小趙這樣，以為他是意識到錯誤了，就語重心長地說：「做事情一定要穩重，一定要下功夫，所有的資料都要弄清楚……」最後，上司看小趙一直低頭不語，態度不錯，就放過了他，只是讓他找齊資料，重新做一份企劃書。

小趙在面對上司批評的時候，選擇沉默，沒有狡辯，上司以為他知道錯了，看到他的態度誠懇也就不再追究什麼了，一旦小趙和上司爭辯，上司本來就一肚子火，這無異於火上澆油，受苦的還是他自己，不能為了逞一時之快，斷送了自己的前程。在人際交往中當對方正在氣頭上時，唯一能使他平靜的辦法是：靜靜地聽他把話說完。此時的沉默會讓對方留下寬厚、大度和尊重別人的印象，這樣，你很快就能與他建立起感情，問題也就好解決了。

其實在人際交往中，很多人都在浪費時間說一些沒有意義的話來試圖引起別人的關注，這無形中讓溝通變得更加困難。諷刺的是，我們說得越多，交流得越少。反而傾聽是溝通的重要手段，也是對別人最好的尊敬。專心地聽別人講話，是你所能給予別人的最有效，也是最好的讚美。不管說話者是上司、下屬、親人或者朋友，或者是其他人，傾聽的效果都是一樣的。人們總是更關注自己的問題，同樣，如果有人願意聽你談論自己，你也會馬上有一種被重視的感覺。

辯不如訥，語不如默；動不如靜，忙不如閒。人一口，則為合。擅於傾聽展現著一個人的修養，顯示著一個人的容人之量。

友善交談，謹防無意識傷人

語言作為人與人之間交流的工具，既能溫暖人也能成就人，但反過來，作為一種具有攻擊性的工具，語言既能傷害人也能毀了人。因此聰明的人非常重視語言的分寸，傷人的話千萬不要說出口，損人面子的話也一定不能講，這既是保護自己，同時也是尊重他人。

在人際關係中，由於人們生活經歷不同、個人觀念不同，我們難免會與人發生矛盾與衝突，這時傷人自尊、損人面子的話就成為攻擊對方的武器，很容易在衝動之下脫口而出。

要知道，這種話雖然會對別人造成傷害，但反過來對自己也不見得有什麼好處。

在憤怒中發洩自己的情緒、不顧後果地攻擊別人的短處，這無疑是激化雙方的矛盾。讀者要明白，傷人的話不僅傷了對方的面子，更嚴重的是傷了對方的心，而一旦心受傷了，下一步便是對你發自內心的憎惡和憤恨。

第八章　溝通的分寸，就是做人的分寸

宋朝天禧三年，三起三落的寇準被封為宰相，丁謂成為參知政事。有一次兩個人同時參加了國宴，寇準的鬍子上沾了湯汁，丁謂看到後起身為他慢慢地擦拭。沒想到，寇準板著臉嘲諷道：「參政，國之大臣，乃為官長拂鬚耶？」當著滿朝文武的面，丁謂非常尷尬，傷了自尊心的丁謂從此記恨。於是，丁謂開始與王欽若、曹利用等同樣受過寇準謾罵、諷刺、挖苦的大官暗中操作，在皇帝面前進讒言。讒言聽多了也就變成了真話，皇帝開始懷疑寇準的能力，在以後的權力鬥爭中，寇準最終以客死雷州為結局，結束了他的一生。

仔細想來，作為下屬的丁謂為了討好自己的上司，這樣做也不是不符合常理，但是寇準卻不知說話的藝術，直接讓其下不了臺，傷了對方面子，結果暗中樹立了一個敵人，斷送了自己的一生。在一些公共場合，尤其是正式場合，傷人面子的話、打擊別人自尊心的話千萬不能說，為了一時的譁眾取寵為自己樹立一個不可挽回的勁敵是非常危險的事。

讀者還要知道，雖然有些話表面上看起來沒有什麼不妥，但也要因人而異，因為對方很有可能在你說完一句帶有「隱喻」的話時來套你的本意。有些時候雖然我們並沒有傷人的意思，但是卻越描越黑，這樣的話要少說，比如那句讓萬千女性最厭惡的話：「這個女生長得真漂亮。」

劉小芬與張軍華是好朋友，劉小芬長得相貌平平，而張軍華風流倜儻。有一次他們相約去吃飯，一邊吃飯一邊聊天，劉

小芬主動跟張軍華說自己的男朋友對她很冷淡，不知道為什麼。

張軍華說：「那天我看到他和一個很漂亮的女生走在一起，看來他是⋯⋯想分手了。」

劉小芬說：「他是什麼，那女孩很漂亮嗎？」張軍華回答道：「我覺得很漂亮，比妳漂亮。」劉小芬很生氣，對張軍華說：「原來我在你眼裡這麼不堪，我們還是別當朋友了，你不安慰我反而這樣說，真讓我大開眼界。」劉小芬說著，背起包包走了。

傷人的話就像釘子，越是彼此親近的人越不能輕易揭彼此的痛處，因為深知對方介意的弱點。傷害的話從最親近人的嘴裡說出來是無法挽回的。我們看過太多因為彼此傷害而分手的戀人和朋友，也看過太多在公共場合發生衝突罵街的場景，其實這些衝突大多都是因為話說得不妥當而起。我們每個人因為彼此相知、惺惺相惜在一起不容易，不要因為一句欠考慮或者憤怒的話傷害了最珍貴的情誼。

如果「交淺」，何必「言深」

進入社會，每個人都有自己做人的方式。有的人堅持用「好人」做標籤，待人誠懇至極，行事木訥至極；有的人卻謹言慎行，對誰都留著心眼，把生活過成一場場類似「甄嬛傳」的後宮

第八章 溝通的分寸，就是做人的分寸

大戲，不停游移在詐欺與算計之間。前者太傻，後者太累。

做人當然不能過於精明、算計，但趨吉避凶的本能也讓我們學會了掌握真誠的尺度。

蘇東坡曾說：「交淺言深，君子所戒。」前人想要告誡我們的是，無論做人做事，都要管好嘴巴，牢牢掌握住分寸。

生活中多少血淋淋的事實告訴我們，一味的天真，只會被傷得體無完膚。為人處世，不必圓滑世故，但也要多多用心思量。人情冷暖，世態炎涼，應笑看沉浮。雖然不計得失，但也要心裡有數，尤其是想要避免「躺著也中槍」的危險，那做事與說話沉穩一點就不是壞事。須知，太過「豪爽」的嘴巴只會為你帶來一時的愉悅，卻會造成長久的陰影。

《紅樓夢》裡的林黛玉有著一顆水晶玻璃心，初入賈府，不肯多說一句，不肯多行一步，唯恐惹人恥笑。而薛家的小姐寶釵生就一副嫻雅端莊的模樣，家大業大卻謹言慎行，一問搖頭三不知。賈府裡的下人開玩笑說，見了二人都得忍住呼吸，生怕氣大了，吹倒了姓林的；氣暖了，吹化了姓薛的。雖是玩笑話，卻也可以看出這二人為人處世的智慧。大觀園看似「花柳繁華之地，溫柔富貴之鄉」，實則人際關係錯綜複雜，危機四伏，凶險連連。

為爭一隅容身之所，美人們爭風吃醋，你來我往，言語中暗藏機鋒。在這樣一個複雜的小型社會裡，無依無靠的林黛玉若不多留個心眼，縱有賈母罩著，也難以在親戚家安然生存。而薛寶釵哪怕微微行錯一步，也會被有心之人迅速抓住，作為

把柄，敗壞名聲。二人都有著同一個準則，那就是：如果「交淺」，就絕不「言深」。縱使大觀園裡的姐姐妹妹很多，林黛玉極少向人吐露寄人籬下的苦楚，薛寶釵也從不流露出與母兄相依為命的辛酸。她們知道，跟交情淺的人談心事，大多時候，只會惹來是非。

有一個作家說，我們身邊有 60 億人，但是這一輩子，讓你至愛與至痛、至喜與至悲、至生與至死的，最多不過幾個人。可以說，剩餘的人都只是生命中的過客。可悲如「祥林嫂」之流，見人面便訴辛酸，將心裡最深的話一股腦地向毫無交情的人和盤托出，非但換不來旁人的同情，反而遭人嫌惡。

人與人之間最難的就是溝通，而尺度，就是溝通中的重中之重。掌握分寸意味著，你要忍住傾訴的欲望，切記不要不分場合不分對象地亂說一通，更別指望對方能夠感同身受。

每個人都可以在自己的人際關係網中劃分出兩種人：熟人和生人。而熟人又分為：深交好友和泛泛之交。面對沒有把握的人，最好不要傻傻地將祕密和心事全盤托出，這樣的你，不僅會在對方心中留下不修邊幅、心無城府的印象，有時候甚至會因此成為他人恥笑的對象。知人知面不知心，不要以為和對方喝過幾次酒，唱過幾次歌就成了好友，這樣的你，有可能被人賣了還在幫人數錢。

曉文從小喜歡讀書，長大後，她終於如願以償地考上了某知名大學的文學系。同系裡有一個叫蕭怡文的女生很出名，小

第八章　溝通的分寸，就是做人的分寸

　　小年紀就出了好幾本書的她被大家稱為「美女作家」，頗受追捧。一次聚會中，曉文經人介紹，認識了蕭怡文。席間兩人相談甚歡，覺得很投緣。曉文很開心，不知不覺就將只見過一次的蕭怡文當作知己，不由興奮地對蕭怡文透露，她正在創作一本構思多年的小說，還有幾萬字就能收筆。蕭怡文聽了很感興趣，問了曉文一些關於小說的問題後，有意無意地告訴她說，自己有過好幾本書的出版經驗，可以幫曉文聯絡出版社的熟人，但是她得提前看一下小說的內容。

　　曉文很開心，她知道蕭怡文是個大作家，有蕭怡文的幫忙，她的小說說不定就能很快出版。聚會結束後，曉文就將自己小說連帶底稿通通寄給了蕭怡文，可是等了很久，也沒有等到蕭怡文的回信。後來有一天，蕭怡文將小說退回了給了曉文，對她說，出版社那邊覺得她的小說太過老套，無意出版，希望她不要灰心，再接再厲。曉文大受打擊，沮喪了很長一段時間，一直提不起勁再繼續寫小說。一年後，蕭怡文出了本很熱賣的新書，曉文很好奇，特意買了一本，一翻之下卻發現，蕭怡文新書的人物設定和自己那篇小說極其相似，故事情節也差不多。她憤怒地將這件事情告訴了別人，卻沒人相信她的話。

　　曉文無疑是單純的，面對只見過一次面的人，就將自己心裡最重要的事情毫無保留地告知對方，沒有一點防備之心，因此被人坑了也是在所難免的事情。很多人都有一個毛病，憋不住心事，守不住祕密。但是人生在世，難免要多點「心機」。在不了解對方真實品行的情況下，就進行深入的交談是很失妥當

的一件事情。人際交往的黃金法則是,適度地交往,由淺入深地發展。連對方是深是淺,是人是鬼都還沒看清楚,就將對方視為好哥們、好姐妹,勾肩搭背地話起了家常,未免太過幼稚。

前人告誡我們說,「逢人只說三分話,不可全拋一片心」,是藏有很深厚的生存智慧的。人性叢林向來複雜險惡,闖蕩江湖靠的不僅是大智大勇,還有著諸多的小智小慧。想要擁有自己的一席之地,就要事事留心,時時注意。成熟的人都深諳世故,所以才能洞悉人性,處事練達。如果「交淺」,就不要輕易「言深」,畢竟場面上的客套與熱鬧終究維持不了多久。「相識滿天下,知心能幾人」,你能依靠的,最終只有你自己。

第八章　溝通的分寸，就是做人的分寸

第九章
溝通有禁忌,別哪壺不開提哪壺

第九章　溝通有禁忌，別哪壺不開提哪壺

打人不打臉，罵人不揭短

每個人都會有不願讓人提起的傷疤，這種痛楚既是別人的忍耐底線，也是我們與之交談的底線，一旦碰觸就沒了挽回的餘地。

我們生來便有不同的性格，但學會尊重他人卻是我們應該擁有的共同品格。生活工作中人與人之間必然會發生摩擦與衝突，要想平息戰爭，生活在和諧的環境中，就不能逞口舌之快，即使事情不是因為自己而起，也不要揭別人傷疤，消費對方的痛苦。凡事要留有餘地，拿別人的痛苦解一時之氣，對方也會以牙還牙，最終導致雙方矛盾和衝突不可化解。

劉備初入蜀時，與劉璋相會於涪城。張裕當時是劉璋的從事，侍從在旁。在當時人們以鬍子濃密為美。張裕的鬍子長得特別茂盛，而劉備是沒有鬍鬚的。由於劉備當時已有了些地位，也就不以自己無鬚為恥，但他反倒先去招惹張裕，嘲笑他說：「我從前住在涿縣，那裡特多姓毛的人家，東西南北都有，涿縣的縣令稱之為『諸毛繞涿居乎！』」言下之意是把張裕比喻為了多毛的豬。但張裕沒有忍氣吞聲，反唇相譏道：「從前有個上黨地區潞縣的長官，遷官去做涿縣令，後又去官還鄉，有人要給他寫信，稱呼他的官銜，『欲署潞則失涿，欲署涿則失潞』，乃署曰『潞涿君』。」「潞涿」與「露啄」同音，張裕嘲笑劉備光

著下巴沒有鬍子。劉備被他揭了傷疤,覺得沒有面子,但他是強忍憤怒沒有治張裕的罪。但後來劉璋被逐,張裕成了劉備部下,劉備就找了個藉口將張裕關進了大牢要殺他。諸葛亮曾為他求情,也沒有動搖劉備殺他的心,最後張裕竟至被殺棄市,可見劉備恨其入骨。

古樂府詩〈陌上桑〉中有「行者見羅敷,下擔捋髭鬚」。按照當時社會的審美標準,鬍子長得好是美男子的特徵之一,所以可以看出劉備對於自己下巴不長鬍子是非常介意的。雖然劉備嘲笑張裕的毛髮旺盛,但是根據當時的社會審美來說,張裕的鬍子濃密並不是缺陷,而下巴沒有鬍鬚才是一個人的短處,所以當張裕指出了劉備真正的缺點,劉備才如此地懷恨在心。生活在現代的我們在與人交流時同樣不能提及他人的「禁區」。我們常說瘸子面前不說短、胖子面前不提肥、「東施」面前不言醜,就是提醒我們在說話時注意分寸,尊重他人。

李越文與劉強生在同一間公司上班,工作能力難分伯仲,互為競爭對手,誰會先升任科長是部門內十分關心的話題。但劉強生競爭心態過於強烈,凡事都要和李越文作對。快到人事變動時,經理分別約談了兩人。李越文在面談中僅說了他的資源優勢和人脈優勢比劉強生來得好,自己也希望得到晉升,但還是尊重公司的決定。經理在與劉強生面談時,把李越文的優勢拋給了劉強生,看他如何回應。結果劉強生心生怒火,在面談過程中除了表明自己的優勢,還透露出李越文說話有些口吃

第九章　溝通有禁忌，別哪壺不開提哪壺

會影響公司形象。

一個月後，經理宣布李越文晉升為科長。劉強生不服氣，找經理理論，經理的回答是：「其實我之前認為你們兩個的能力都很突出，但是當你談起李越文的口吃時，我才突然醒悟，李越文有口吃，能力都能與你不分上下，肯定有他的過人之處，希望你在日後能尊重你的口吃主管，多與他交流學習。」經理的一席話讓劉強生無地自容。

劉強生親自把對手推到了主管的位置，就是因為揭了別人的傷疤，讓上司認為他是一個不尊重人的下屬，話一說完劉強生就失去了升遷的資格。在工作中要想超越對手首先要做到的就是尊重、學習對方，你可以在工作能力上找自己的優勢，但是不能拿別人的缺陷或不足之處去贏得競爭。因為尊重對方也同樣是在尊重自己。

《菜根譚》中有句話：「不揭他人之短，不探他人之祕，不思他人之舊過，則可以此養德疏害。」意思是說，我們每個人都會有缺點或是不足之處，如果我們能尊重他人，那麼我們就可以得到別人的尊重，遠離衝突。

讀者需要注意的是，在現實生活中我們除了要學尊重他人，還要注意禁忌。因為有些時候，我們無意中的一句話可能會得罪很多人。比如你與一群朋友談論你不喜歡的明星，如果這群朋友裡面有這位明星的粉絲，那麼你就在無意中諷刺了別人的品味，相當於在大家面前打了別人的臉。雖然你說者無心，但

往往是聽者有意。所以，在與人交流時，如果你與對方並不是很熟悉，盡量不要提及你不喜歡的事物，也不要談及他人的外貌與穿著。外貌與穿著涉及的範圍太大，也是人們直接表現自己生活狀態的一種途徑。如果這時你提出了諷刺的意見，就無疑是打了別人的臉。所以在任何時候，都要顧慮自己的交際言行，你時刻對別人保持尊重其實就是在保護自己。

堅決不要碰觸對方的「死穴」

　　一個人無論多強大都會有弱點、短處，如果我們在為人處世中不掌握分寸，碰觸了別人的忌諱與底線，就等同於觸及了對方的「死穴」，必然會引起對方強烈的不滿。

　　我們每個人能維護好人際關係是要付出很多的精力、心血與智慧的，但我們卻經常在自以為的玩笑與幽默中傷別人，這就是我們忽略別人內心感受的結果。一個人內心深處的東西如果能被理解他就會變得隨和，一旦被打擊就會變得憤怒強硬。所以，在任何時候都要遠離對方的禁區，堅決不要碰觸對方的「死穴」。

　　平原君趙勝利家有一年出現了一個現象，他的賓客以及有差使的食客慢慢地都離開了他。趙勝利對這種情況感到很奇

第九章　溝通有禁忌，別哪壺不開提哪壺

怪，問眾人：「我趙勝利自認為對待每一位先生都恭恭敬敬，沒有失禮的地方，我不懂他們為什麼離開？」一個門客走上前去回答說：「因為您不殺恥笑跛腳人的那個妾，大家認為您喜好美色而輕視士人，所以士人就紛紛離去了。」

原來趙勝利家有座高樓面對著下邊的民宅。民宅中有個跛腳人，總是一瘸一拐地出外打水。趙勝利的一位妾住在樓上，有一天她往下看到跛腳人打水的樣子，就開始大笑嘲諷他。她大笑的聲音被跛腳人聽到，跛腳人非常生氣，找上門來，他對趙勝利說：「我聽說您喜愛士人，士人所以不怕路途遙遠，千里迢迢歸附您的門下，就是因為您看重士人而不注重美色。我遭到不幸得病致殘，可是您的姬妾卻在高樓上恥笑我，我希望得到恥笑我的那個人的頭。」趙勝利笑著應答說：「好吧。」等那個跛腳人離開後，趙勝利卻說道：「這個人竟然為了一句話就讓我殺掉自己的妾，不是很荒唐嗎？」

於是過了一年多就出現了賓客離開的情況。聽到門客的回答，趙勝利恍然大悟，於是斬下恥笑跛腳人的那個愛妾的頭，親自登門獻給跛腳人，並藉機向他道歉。從此以後，門下的客人又陸陸續續地回來了。

平原君的家妾嘲笑鄰居，開始平原君不以為意，但門客們卻對其做法感到失望。從這件事情中我們可以看出，如果碰觸到他人的「死穴」，不僅對方生氣，而且周圍的人也會指責你的做法，所以為人處世中，懂得尊重別人是做人的基本原則。俗

堅決不要碰觸對方的「死穴」

話說「得道者多助，失道者寡助」，不要因為大意疏忽去說傷害別人的話，否則你辛辛苦苦建立起的形象會瞬間崩塌。

小王性格活潑開朗，經常與朋友同事開一些不痛不癢的玩笑，朋友同事也都了解她，通常都願意和她打趣兩句。有一天同事三歲的女兒芬芬來公司玩，小王非常熱情，一直拿零食給她吃。大家都圍著孩子你一句我一句地逗著，芬芬不時妙語如珠，令大家捧腹大笑，氣氛十分輕鬆，芬芬的媽媽也感覺很高興。聊著聊大家開始說小女孩長得很好看，其中有同事說，芬芬得要從小美到大啊，現在長得這麼好看，長大了得迷倒多少男生。小王隨意地說：「不過我聽人家說，小時候長得好看的小女孩通常長大了都不會太出色，長著長著就長歪了，說不定我們的芬芬變成哪個小鮮肉的迷妹，就跟別人跑了，是不是小芬芬？」話音剛落所有人都不說話了，只見芬芬的媽媽紅著臉說：「我們家的孩子才不會跟小鮮肉跑呢，妳以為誰都跟妳一樣整天這個歐巴那個歐巴的。」小王頓時無言以對，大家見氣氛尷尬就都散開了。

小王和朋友開玩笑慣了，而用與朋友開玩笑的方式去逗一個孩子，是非常不妥當的。孩子是媽媽的心頭肉，正常來說都很排斥任何外人說自己孩子的不好，小王無疑觸碰了同事的「死穴」，既得罪了同事自己也灰頭土臉。我們在不同的環境中要以不同的說話方式與別人交流，朋友之間可以開的玩笑在同事之間不能開，同事之間說話的方式在上司面前不能說……只有掌握好分寸才能更快地融入進一個大環境中，建立良好的人際關係。

第九章　溝通有禁忌，別哪壺不開提哪壺

我們還要知道，每個國家、每個地區都會有或多或少的禁忌，大方向的禁忌是比較容易了解和掌握的，在交際中只要細心一點，通常都能避免。還有當我們不懂為什麼一些人因為一點小事就大發雷霆時，千萬不要與其爭論計較，因為有些事情不是你認為不值得，別人就能寬容理解的。也許當你站在對方的角度去審視問題時，你才會明白原來你碰觸的是對方最不能觸及的傷痛。

失意人前不提得意事

在我們的人生中，每個人都會有失意、得意的時候，得意時的春光滿面和失意時的鎩羽是我們的常態生活。在人際關係中，但凡真正懂得洞察情勢的人都會懂得在失意人前不談得意之事。

人在失意的時候，心裡的自卑感與挫敗感會增強，這個時候最需要的是他人的鼓勵與安慰。然而這時你如果不知所以然，不顧他人的處境，飄飄然地提及自己的得意與成功，無疑是在增加別人的挫敗感。這樣不僅打擊了他人，還會令對方反感。即使你是無意的對方也會認為你是有意而為，會與你刻意疏離。當你失意落魄時，別人一定也不會感同身受地為你著想。

失意人前不提得意事

　　我們常說，與其錦上添花不如雪中送炭，在別人失意時你的幫助與鼓勵，會使人心生感激。失意者，最怕有人在自己面前談論得意事，你無心的言論在對方耳中可能充滿了諷刺與嘲諷，這樣你無意中就樹立了一個敵人，對方會記住在他失意無助的日子裡你的「落井下石」。當別人失意時站在對方的角度去感同身受，會為自己贏得一份友誼，一份機遇。

　　韓信出身貧賤，是個孤兒。建立軍功之前的韓信，不會經商，也不願意下田，只想好好讀書。由於沒有收入，他常常飢寒交迫。幸虧與當地的亭長有些交情，於是常到這位亭長家中去吃飯，可是時間一長，亭長的妻子對他很反感，故意在他來之前把飯吃完，等韓信來到時已經沒飯吃了。韓信感到受到了侮辱，就與這位亭長絕交了。

　　為了能有飯吃，他經常在河邊釣魚，有位漂母看到他飢寒交迫就可憐他，把自己的飯分給他吃，一連幾十天，韓信很受感動，便對漂母說：「總有一天我一定會好好報答妳的。」漂母看到他的樣子生氣地說：「你是男子漢大丈夫，不能自己養活自己，我看你可憐才給你飯吃，誰希望你報答我？」韓信聽了很慚愧，立志要做出一番事業來。漢朝建立以後，韓信被封為楚王，衣錦還鄉，他找來那位當年分飯給他吃的漂母，賜謝以金，感謝漂母當年的幫助之恩。而對於那位亭長，韓信當面指斥他是小人，為德不終，扔給他一百錢還了當年的飯錢。漂母當年的飯讓失意時的韓信沒齒難忘，亭長的刻意為之，也讓韓

第九章　溝通有禁忌，別哪壺不開提哪壺

信「銘記於心」。俗話說：「十年河東，十年河西。」人都會有失意的時候，當別人失意時，你的適當幫助在日後或許會變成一份機遇，而你的冷漠只會破壞人際關係，背離人心。

生活中，不少人喜歡把自己的成就掛在嘴邊，逢人便炫耀自己高人一等，何其得意、何其富有，完全不顧及別人的感受。他們總以為誇誇其談後就能得到別人的敬佩與欣賞，而事實上，適得其反。

有一天，小劉約了幾個朋友到自己家裡聚會，主要的目的是想藉著熱鬧的氣氛，讓目前正處於低落狀態的小張放鬆一點。

小張不久前因經營不力，公司虧損，妻子也因為和他感情不和在鬧離婚。他現在覺得自己是一無是處，壯志難酬。大多數人都知道小張目前的狀況，因此都避免去觸及與此有關的事。可是，其中小趙幾杯黃湯下肚，就口不擇言了，又加上剛做生意賺了一大筆，忍不住就開始大談他的賺錢本領與消費能力，說得口沫橫飛，得意之情溢於言表，這讓在場的人都感覺不舒服。

正處於失意中的小張面色難看，低頭不語，一會去洗臉，一會去上廁所。最後實在聽不下去了，就找了個藉口提前離開了。他跟送他走的小劉生氣地說：「他再會賺錢也不必在我面前炫耀，這不是存心氣我嗎？！」

小趙過於張揚的做法深深地刺痛了小張，使小張在朋友面前更覺得抬不起頭來。我們在與人交往時，在任何時候都不能

炫耀自己，沒有人喜歡驕傲自滿、誇誇其談的人，更別說不分場合的炫耀。

在他人失意時，學會傾聽別人的失落，感受對方的失意，盡自己最大的努力讓對方從失意的心情中走出來，才是我們與他人的交往之道。在生活工作中，多一個朋友就會多一份幫助，給予對方一份感情，對方回報的是一份溫暖，所以在與人交往時，說話一定要注意場合與氛圍，學做一個傾聽者遠比做主角要得到的多。失意人前不談得意事，既能鼓勵對方，又能鞭策自己，在交往中掌握分寸、洞察情勢才能使感情更長久。

閒聊時不傷人面子

每個人都有著不同的價值觀與做事的風格，跟不同的人在一起交流，可以獲得不同的觀點與思想。在談話中，我們開始彼此了解對方，因為互相留下了好感，讓我們成為可以閒聊的朋友。但是我們也經常因為那個「閒」字而變得口無遮攔，不注意分寸，常常在無意或開玩笑中說出傷人面子的話，使本來輕鬆愉悅的氛圍因為一句不恰當的話變得尷尬與緊張，最後大家不歡而散，既傷了彼此的和氣又傷害了對方的自尊。

《菜根譚》中有這樣一句話，「使人有面前之譽，不若使其

第九章　溝通有禁忌，別哪壺不開提哪壺

無背後之毀；使人有乍交之歡，不若使其無久處之厭。」意思是說，在說話上要懂得掌握住分寸，才能做到初見讓人喜歡，長久不讓人討厭。朋友之間多深厚的友誼也會因為不尊重、不平等消失，傷人面子的話就是傷害對方自尊的利器，話一旦說出口，就無意踩到了對方的雷區。

明代皇帝朱元璋胸有大志，收攬英雄，平定四海，他重農桑，興禮樂，褒節義，崇教化，制定的各種法規都很得宜。但他幼年時貧窮，曾為地主放牛，還曾為果腹而一度出家為僧。朱元璋做了皇帝後，有一天，他兒時的夥伴前來投靠他。朱元璋很想見見兒時的玩伴，但又怕他說出什麼不中聽的話來。猶豫再三，他還是讓兒時的玩伴進了大殿。

當年一起放牛的一位夥伴見了朱元璋高興地說：「我主萬歲！你還記得嗎？那時我們都在幫人放牛，一次在蘆葦蕩裡，把偷來的豆子放在瓦罐裡煮著吃，沒等熟大家就搶，把罐子都打破了，湯潑在泥地裡。你只顧抓撒在地上的豆子吃，結果把蕃薯根卡在喉嚨裡，還是我出的主意，叫你吞下一把蔬菜，才把蕃薯根嚥到了肚子裡。」

當著文武百官的面，身為天子的朱元璋是又氣又惱，哭笑不得，為了保全自己的顏面只好喝令侍衛把他拉出去斬了。

而另一玩伴的結局卻大不相同，他來到金殿即大禮下拜，高呼萬歲，說：「我主萬歲！當年微臣隨駕掃蕩蘆州府，打破罐州城。湯元帥在逃，拿住豆將軍，紅孩子當兵，多虧菜將軍。」

閒聊時不傷人面子

朱元璋聽他說得很文雅,回想起當年大家兒時的情意,很感動,賞了他很多東西。

兩位兒時的玩伴,因為不同的表述得到了不同的結果。俗話說,「一句話能成事,一句話也能壞事」,在與人交談時學會洞察情勢,掌握分寸,在任何時候都給予對方尊重才是避免踩到地雷的法則。

某間大公司高薪徵才,引來一大批高材生競相角逐。經過一連串的挑選,剩下五人,接受最後面試。這些人都已過五關斬六將,以為最後的面試只是走走過場而已,無關緊要。於是他們都滿懷信心地走進經理辦公室,這時,經理說,不好意思,年輕人,我有點事要暫時出去二十分鐘,你們能等我嗎?五人異口同聲地說,當然可以。經理出去了,在辦公室裡無聊的五個人就相互交流了起來,其中甲乙兩個人相互詢問彼此的情況,從詢問當中甲得知乙非名牌大學畢業,就驚訝地說了一句,「你的學歷那麼低,你是透過什麼辦法讓老闆看上你的?」甲說這句話時十分大聲,周圍的人都聽到了,乙當時面紅耳赤,而就在此時經理走了進來,很顯然經理聽到了這句話。二十分鐘後,面試結束,乙及其他三個人都被錄用,只有甲被拒絕。

甲在閒聊時無意中的反應使他丟失了工作的機會,但也從側面表現出他因自己畢業於名牌大學具有優越感,這種優越感使他在無意中看低了別人,最終貶低的卻是自己。我們在與人交流時經常會因為表現自己的優越感而在無意中傷了別人的

245

第九章　溝通有禁忌，別哪壺不開提哪壺

面子，我們忽略了優越感是在比較與襯托中表現出來的。你展現了自己的優越感，無視的是別人的自尊心，所以那些能真正做到說話有分寸，懂得洞察情勢的人，在內心深處是非常成熟的。他們不驕傲，懂得說話的分寸，具有極高的修養。因此要想在閒聊時不踩地雷，不中傷別人，就要學會真正地看清自己，尊重別人。只有做到內心和舉止的一致，才不會在無意中流露出不合時宜的話語。

　　我們看過太多一言不合就大打出手的場面，也經歷過被人傷了面子的氣憤與不甘，我們在與人交流中可以從詩詞歌賦聊到人生哲學，也可以從雞毛蒜皮扯到家長里短，但是損人面子的話不能說，傷人自尊的話不能講，這是避免雙方衝突，維持人際關係和諧的前提。為人處世時，處處為別人留面子就是在為自己爭面子，當自己真正受到了別人的尊重，我們就排除了身邊的地雷。

心直口快也是罪

　　生活中經常會遇到一些說自己是「直腸子」的人，他們喜歡站在道德的制高點去評論別人，簡單粗暴，帶著強迫的意味，一本正經地為他人出謀劃策，他們永遠認為自己能夠看清事物

的本質,在經驗與道德上高人一等。其實有時說話直接不代表真實,也不意味著善意,更可能的是傷害。

生活在價值多元的社會中,每個人的思想、感受都不同,沒有誰可以站在道德的制高點去隨意指責他人,在與人交往中求同存異才是平等的關鍵。「心直口快」不考慮別人感受和周邊影響,經常得罪人,從根本上來說就是沒有妥善處理個體和社會的關係的能力,是不成熟、情商低的表現。

隋朝大臣賀若弼,字輔伯。父親賀若敦有勇有謀,立下汗馬功勞後卻不得高位,因為口出怨言激怒了執政的晉公宇文護,被逼自殺。臨刑時,他教育年幼的賀若弼說:「我志在平定江南,然壯志未酬,你當繼承我志。我口無遮攔,招受大禍,你當引以為戒。」說罷拿出錐子,刺得賀若弼舌頭出血,以此讓他牢記必須謹言慎行。

賀若弼十分驍勇,善於騎射,博聞強識,在當時聲名遠播。北周齊王宇文憲聽聞後重用於他。北周伐陳,他立下功勞,得到了豐厚的獎賞,但賀若弼卻忘了父親的教訓,自恃功高,竟然以宰相自稱。隋文帝聽聞了他的自滿,於是命楊素為右僕射(宰相之一),讓他仍留在原位。賀若弼對隋文帝的安排心中不平,口出怨言,經常喜怒形於色。隋文帝看著他的表現忍無可忍,下令罷了他的官。可是當時的賀若弼不但不記取教訓,反而怒氣更重,於是隋文帝下令把他打入大牢。隋文帝問他:「我以高熲、楊素為宰相,你每每中傷他們,說他們是酒囊飯袋,

第九章 溝通有禁忌，別哪壺不開提哪壺

這是何意？」賀若弼回答說：「高熲，我的老朋友了，楊素，我的舅子。我知道他們的為人，所以才說這些話。」公卿認為賀若弼怨憤過重，奏請處以死刑。隋文帝猶豫數日，考慮到他的功勞，於是免他一死，除名為民。幾年之後，恢復了他的爵位，待遇雖很優厚，卻沒絲毫權力。

楊廣即位後，賀若弼就更加一點地位都沒有了。西元607年7月，賀若弼隨楊廣北巡至榆林。楊廣命人製造了一個可容納數千人的大帳篷，用來接待突厥啟民可汗一行人。賀若弼認為這太過奢侈，與高熲、宇文弼等人私下議論，被人以誹謗朝政罪名參奏，於二十九日與高熲、宇文弼等人一起被誅殺，時年六十四歲。

賀若弼與其父親都毀在心直口快、喜怒形於色，他們不懂隱忍、自恃功高，不分時間、場合口出怨言，在複雜的朝廷關係中將自己置身於非議之中，最終付出了代價。我們在生活工作中不要以為心直口快表現的是直爽真實，在別人看來更多的是刻薄。當我們把特立獨行，正直豪爽當作心直口快的擋箭牌，那麼這個世界就會離我們越來越遠。

我們與人交談時，切記要將聊天準則牢記心間，在尊重別人的基礎上把想說的話轉變為他人聽得進去的語言，要比那些直來直往的言語有意義得多。俗話說，中肯的話不中聽，但同樣的話，不同的人聽意思就不一樣，同樣的話會因為親疏關係的不同變得動聽或者刺耳。

心直口快也是罪

一群同事一起去聚餐，王佳佳特意穿了一條新買的裙子來赴約。黑色的裙子配黑瘦的她的確是很不相稱，在座的每個人都心照不宣。看著滿心歡喜等待著同事美言的王佳佳，大家都向她微笑，並善意地回應著「不錯」、「很合身」。唯有李怡雯，掃了一眼一身黑的王佳佳，舉著筷子頭也不抬地說：「妳不知道妳穿黑色顯得更黑嗎？」一句話丟出來，讓王佳佳臉色很難看，掛不住面子。

平時生活中的李怡雯也是這樣心直口快。有一次同事在辦公室聊天，大家都在誇一位同事讀小學的兒子書讀得很好，將來一定大有作為，考上名校不成問題。這樣錦上添花的事大家都樂意做，李怡雯卻突然插話：「現在才讀小學，太早下結論沒用的。就算上了高中成績好也不一定，有多少人在考大學的那一刻突然失手呢。」說得這樣無情，好像她跟這位同事有深仇大恨似的。儘管後來她一直解釋說自己不是故意的，但都無濟於事，弄得大家都很不開心。

李怡雯心直口快，雖然說的都是實話但處處讓人尷尬，在無形中破壞了人際關係，讓自己置身於尷尬的境地。生活工作中，不要認為憑藉自己的直爽與真實就可以換得人心，只有在尊重他人的基礎上，站在對方的角度去發言才能讓對方真正感謝自己。

將聊天準則記心間，能減少不必要的口誤，聊天時盡量讓著別人說，認真聽取對方想要傳達的資訊，給予恰當地回應，切忌把自己的想法和盤托出，高談闊論自己的觀點，本著對事

第九章　溝通有禁忌，別哪壺不開提哪壺

情發展有利方向提出自己的建議比評論是非更有意義。談話時不心直口快並不代表虛偽，將聊天準則運用到人際關係中才能夠減少衝突矛盾的發生，才能讓自己的生活更加平靜，獲得自由與溫暖。

不要口無遮攔，「痛」言無忌

在現實生活中，小孩子天真活潑，無拘無束，就算說錯話，我們也會認為是童言無忌，不會去計較；但是如果成年人說話沒有分寸，那就是口無遮攔，「痛」言無忌了。

我們經常會遇到一些說話不加思考的人，他們經常信誓旦旦、口無遮攔，不分場合地高談闊論。他們秉承著為人「真實豪爽」的信念，仗「言」走天下。我們經常看到他們與同事、朋友之間發生衝突，常常聽到他們抱怨周圍的人斤斤計較、開不起玩笑。他們看不上那些不經常發表言論的人，自動把別人歸為「腹黑」系列，在私下口無遮攔對他人評頭論足，然而久而久之大部分人都會刻意地遠離他們，不會真心地與其交流。

建安九年，曹操攻破鄴城，占領冀州，許攸在此戰中立了大功，但許攸自認為功高蓋主，竟不把曹操放在眼裡，數次在公共場合直呼曹操小名說：「阿瞞，沒有我，你得不到冀州。」

曹操表面上雖不在乎地說：「你說得對啊！」但心裡特別生氣。一次，許攸出鄴城東門，對看護說人說：「這家人沒有我，進不得此門。」有人向曹操告發許攸的言行，曹操大怒，於是許攸被收押，最終被殺。

許攸因為口無遮攔招來殺身之禍。剛開始時，曹操對許攸禮敬有加，是因為對那時的曹操來說，許攸有很大的利用價值。而打勝了官渡之戰後，許攸的利用價值就明顯降低。而此時的許攸還不知收斂，自恃功高必定會引起曹操與大臣的不滿。許攸高估了自己，更高估了曹操對他的寬容。

俗話說：「凡事都要有限度。」說話也一樣，也要根據時間、人物、事件、地點的不同，相應地調整語氣的輕重緩急，這樣才能掌握交流的動態，掌握互動的規律。說話的目的是要向對方傳遞某種資訊，口無遮攔的人講話沒有分寸，會讓人留下沒有修養的壞印象，不但目的達不到反而容易得罪他人。

讀者需要注意的是在與人講話時不但要注意對方的輩分、性別，還要注意對話時的音調、修辭，恰當的語言才能夠正確的表達，在得體中減少失誤。

劉靜雯大學畢業後，進入一間中小企業當業務主管。她有種初生之犢不畏虎的精神，在工作上很有幹勁，經常會冒出一些閃光的好點子，上司因此很器重她。

在公司召開的各種會議上，劉靜雯總是滔滔不絕。她不僅針對自己部門的事情提出各種看法，還對其他部門提出建議。

第九章　溝通有禁忌，別哪壺不開提哪壺

　　有一次劉靜雯的部門準備開會，但到了會議室才發現另外一個部門正在討論問題，劉靜雯就跑了進去，大談特談自己的觀點，言語間難免露出驕傲的表情。這番指手畫腳的評論引起了這個部門同事的反感。再加上她一貫的自負，她說著說著竟然評論起這個部門上一個案子的失敗之處，結果部門的主管反嗆她：「我們部門的失敗是因為什麼原因，不用妳一個業務來指手畫腳，以後有意見可以讓妳部門的經理來傳達，不好意思，我們正在開會，請妳晚點再來。」話音剛落這個部門的同事都竊竊地笑了起來，之後這件事被傳得沸沸揚揚，劉靜雯選擇了辭職。

　　劉靜雯因為口無遮攔的習慣，當著同事的面子評論別人的失敗，必然傷到了別的部門的自尊，戳到了別人的痛處。原本積極向上司提出建議是一件好事，但劉靜雯不分時機、場合的高談闊論，在同事眼中就是在賣弄、炫耀。本來大好的前途，斷送在自己的口無遮攔上。

　　口無遮攔的人說話像一艘漏水的船，每一個乘客都想趕快逃離它。在平時的交流中還要注意的是，不僅自己不能成為口無遮攔的人，而且在口無遮攔的人面前也要盡量少說話，保持中立的態度才是不被出賣的前提。

不要口無遮攔,「痛」言無忌

國家圖書館出版品預行編目資料

話引力！讓每一句話都有效，贏得人際關係中的主導權：知己知彼 × 見面三分情 × 開場打動人心！溝通並非一場獨角戲，而是雙方共同創造的默契 / 浩強 著 . -- 第一版 . -- 臺北市：樂律文化事業有限公司 , 2024.10
面；　公分
POD 版
ISBN 978-626-7552-54-4(平裝)
1.CST: 溝通技巧 2.CST: 說話藝術 3.CST: 人際關係
177.1　　　113015709

電子書購買

爽讀 APP

話引力！讓每一句話都有效，贏得人際關係中的主導權：知己知彼 × 見面三分情 × 開場打動人心！溝通並非一場獨角戲，而是雙方共同創造的默契

臉書

作　　　者：浩強
責任編輯：高惠娟
發　行　人：黃振庭
出　版　者：樂律文化事業有限公司
發　行　者：崧博出版事業有限公司
E ‐ m a i l：sonbookservice@gmail.com
粉　絲　頁：https://www.facebook.com/sonbookss/
網　　　址：https://sonbook.net/
地　　　址：台北市中正區重慶南路一段 61 號 8 樓
8F., No.61, Sec. 1, Chongqing S. Rd., Zhongzheng Dist., Taipei City 100, Taiwan
電　　　話：(02) 2370-3310　　　傳　　真：(02) 2388-1990
律師顧問：廣華律師事務所 張珮琦律師
定　　　價：350 元
發行日期：2024 年 10 月第一版
◎本書以 POD 印製